新版 雅俗文

化書系

樸初題

生肖者，俗谓之属相，
取生于何年，与何物相像之意也。
华夏大地，炎黄子孙，无人不略知一二；
然深谙生肖文化之旨味者，则鲜有人矣。
生肖文化之源远流长，
生肖动物之性情各异，
生肖俗信之洋洋大观，
生肖命理之扑朔迷离，
生肖文艺之诗情画意——
素手拾遗，随处成趣；
十二生肖，寓意无穷。

生肖文化

新版雅俗文化书系

过常宝 主编
王静波 著

·北京·

图书在版编目（CIP）数据

生肖文化／过常宝主编．--北京：中国经济出版社，2011.1（2023.8 重印）

（新版“雅俗文化书系”）

ISBN 978－7－5136－0086－6

Ⅰ.①生… Ⅱ.①过… Ⅲ.①十二生肖－文化－中国－通俗读物 Ⅳ.①K892.21－49

中国版本图书馆 CIP 数据核字（2010）第 140479 号

策划编辑　崔姜薇
责任编辑　葛　晶
责任印制　马小宾
封面设计　任燕飞装帧设计工作室

出版发行　中国经济出版社
印 刷 者　三河市同力彩印有限公司
经 销 者　各地新华书店
开　　本　880mm×1230mm　1/32
印　　张　7
字　　数　160 千字
版　　次　2011 年 5 月第 1 版
印　　次　2023 年 8 月第 2 次
定　　价　39.80 元
广告经营许可证　京西工商广字第 8179 号

中国经济出版社　**网址** www.economyph.com　**社址** 北京市东城区安定门外大街 58 号　**邮编** 100011
本版图书如存在印装质量问题，请与本社销售中心联系调换（联系电话：010－57512564）

编　委

题　　字：赵朴初

名誉顾问：季羡林

主　　编：过常宝

编　　委：过常宝　徐子毅　叶亲忠　崔姜薇
姜　子　金　珠　葛　晶　高建文
刘　礼　王静波　周海鸥　李志远
严　青　桑爱叶　任雅才　刘伟杰
黄玉将　范　洁　邢国蕊　于　潇
郭仁真　刘　婕　贡方舟　李美超
李竟涵　刘全志　林甸甸　杨　辰
向铁生

序一　季羡林序

(第一版“雅俗文化书系”序)

在中国,在文化艺术,包括音乐、绘画、书法、舞蹈、歌唱等方面,甚至在衣、食、住、行,园林布置,居室装修,言谈举止,应对进退等方面,都有所谓雅俗之分。

什么叫“雅”?什么叫“俗”?大家一听就明白,但可惜的是,一问就糊涂。用简明扼要的语句,来说明二者的差别,还真不容易。我想借用当今国际上流行的模糊学的概念说,雅俗之间的界限是十分模糊的,往往是你中有我,我中有你,决非楚河汉界,畛域分明。

说雅说俗,好像隐含着一种评价。雅,好像是高一等的,所谓“阳春白雪”者就是。俗,好像是低一等的,所谓“下里巴人”者就是。然而高一等的“国中属而和者不过数十人”,而低一等的“国中属而和者数千人”。究竟是谁高谁低呢？评价用什么来做标准呢？

目前，我国的文学界和艺术界正在起劲地张扬严肃文学和严肃音乐与歌唱，而对它们的对立面俗文学和流行音乐与歌唱则不免有点贬意。这种努力是未可厚非的，是有其意义的。俗文学和流行的音乐与歌唱中确实有一些内容不健康的东西。但是其中也确实有一些能对读者和听众提供美的享受的东西，不能一笔抹煞，一棍子打死。

我个人认为，不管是严肃的文学和音乐歌唱，还是俗文学和流行音乐与歌唱，所谓雅与俗都只是手段，而不是目的。其目的只能是：能在美的享受中，在潜移默化中，提高人们的精神境界，净化人们的心灵，健全人们的心理素质，促使人们向前看，向上看，向未来看，让人们热爱祖国，热爱社会主义，热爱人类，愿意为实现人类的大同之域的理想而尽上自己的力量。

我想，我们这一套书系的目的就是这样，故乐而为之序。

季羡林

1994年6月22日

序二　新版“雅俗文化书系”序

人的行为、意识、关系，人所面对的制度、风俗、物质等，都是文化。对于芸芸众生来说，文化与生俱来，人人都不能离开文化而生存。

古人说“物相杂，故曰文”(《周易·系辞下》)，又说“五色成文而不乱”(《礼记·乐记》)，所以，“文”就是多种色泽的搭配，它比自然状态有序而且更好看。圣人以此“化”人，就是要将人从蒙昧自然状态中改造过来，成为知廉耻、懂辞让、有礼仪的人。

现代人自我意识增强，就不这么看了。梁启超说：“文化者，人类心能所开释出来之有价值的共业也。”(《什么是文化》)就是说，文化是人类集体内在的灵性和智慧之花，这些花朵被普遍认可，并且形成一道道风景：道德、艺术、政治形态等。

这两种说法都有道理：先知先觉的天才们，引领着文化的方向；而我们每一个人，也都参与了文化的创造和延续。如此，文化才成其为文化。

政治、经济、伦理、哲学、学术、文学、艺术等，与意识形态和价值有关，有着官方色彩，可以称之为主流文化。而以社会生活为中心，如家庭、行业、风俗、技艺、生活行为等，以及一部分游离在社会法律和制度之外的行为，如绿林、帮会、寺庙、赌博等，则可称之为非主流文化或次生文化。

由于今天的“非主流文化”有“反主流文化”的意思，为了避免歧义，我们也可以直接地将这一部分内容称为生活文化和世俗文化。

主流文化对社会的发展至关重要，是精英们的舞台，他们以及他们精美的创造，为我们的社会树立了目标和尺度。但是，与我们每个人生活相关的，却是生活文化和世俗文化。生老病死、衣食住行、百般生业、游观娱乐、江湖绿林、方士游医、沿街托钵、鸡鸣狗盗……正是这一切，构成了日常生活的文化图景。

本书系关注社会生活，关注这五光十色的世俗图景，并希望能够完整地将它们勾勒出来。我们相信，这一幅幅的生活情态、世俗图景，甚至比那些彩衣飘飘、粉墨登场的角儿、腕儿，更加真实，也更有风采。

以“雅俗文化”为名，是为了显示我们对趣味的偏爱，并以此来区分于主流文化典正的姿态和庄严的价值观。其实在生活中是无所谓雅和俗的，弹琴虽然需要更多的教养，赌博对有些人来说似乎天生就会，但作为技艺，两者真有高下的差别吗？何况庄子说一切都与道相通，什么都可以玩出境界来。古人不是常拿厨艺说政治，并且还真有好厨师成了政治家的例子吗？所谓“雅俗文化”，不过是遵从习惯的说法，并没有价值高下的意思。

日常生活及世俗图景都是文化，但文化毕竟具有建构性特点。换句话说，那些散乱的现象、意识、习惯等，只有被理解了，才具有意义，才能成为文化。我们编纂这套书系的目的，就是帮助人们理解日常生活和生活传统，从而能真正地从生活中体会到意义和趣味，增加人生的内涵。

我们期望编撰一套集知识性、趣味性甚至实用性为一体的文化丛书。它虽然不是学术著作，但就某一类别文化而言，应该有着系统的、可靠的知识，应该充分揭示出它的精神和境界，并融贯在对各种精彩文化现象的描述之中，使之真正贴近生活、提升生活，成为一道道能够颐养性情、雅俗共赏的精美的文化大餐。

过常宝

2011 年 3 月

前言 何为生肖

在中国，上至七旬老叟，下至顽童稚子，生肖可谓无人不知，无人不晓。十二生肖是我国的民俗。那么，再往细追究，生肖是什么？恐怕能说得头头是道的人就不多了。

生肖二字，读作 shēng xiào，“生”指人的出生年份，而“肖”指相似，合起来的意思便是“生在哪年就像哪种动物”。日常生活中，人们更习惯用“属相”一词将“生肖”取而代之。生肖与属相虽然字面不一，但意思相同，后者的意思是“属什么像什么”。

作为现代人熟知的纪录生年和计算年龄的一种方式，长辈尤其爱问小辈：“你是属什么的?”“子鼠、丑牛、寅虎、卯兔、辰龙、巳蛇、午马、未羊、申猴、酉鸡、戌狗、亥猪”，大家早已耳熟能详。那么，动物为什么又与“子”

“丑”“寅”“卯”等配对呢？

原来，“子、丑、寅、卯、辰、巳、午、未、申、酉、戌、亥”是我国传统历法农历（也称夏历）干支纪年法中的十二地支，与之相对的是十天干，即“甲、乙、丙、丁、戊、己、庚、辛、壬、癸”，天干与地支两两相配，天干在前，地支在后，得出甲子年、乙丑年、丙寅年、丁卯年……共六十对，又称“六十花甲子”。古时候，天干地支不仅被用来纪年，也曾被用于纪月、纪日、纪时。我国殷墟曾出土数万片甲骨卜辞，其上几乎都刻有干支，那时干支是用来纪日的。然而，干支出现的年代比殷商还要早，据说可以追溯到上古黄帝时期。自产生之后，干支纪法在我国流传了数千年，直到今天，书画家们在落款时还喜欢以此来记下创作日期。而十二生肖正是古人将十二地支与十二种动物相对应而形成的。

生肖不仅是标定人属相的一种方式，也是一种家喻户晓的纪年方式。每当新春佳节来临之际，人们都喜欢互道一声“某年大吉”，而这一年值年的动物也成了最受欢迎的吉祥物，大街小巷、家家户户都会张贴这种动物的千姿百态的图画。

生肖有十二个，因此生肖纪年也是十二年一循环。由于地支与生肖动物的对应关系，我们也可以将干支纪年与生肖纪年相对照，如凡是带“子”的年份，像甲子、丙子、戊子等都是鼠年。

其实在古代，生肖也曾被用于纪月，但特别的是，它不是以鼠打头，而是从虎开始，以鼠收尾——

阴历正月，寒冬未尽，冰天雪地，山野空旷，很少有动物活动，唯有老虎出没山林觅食，虎的吼叫声传遍四野，于是正月被定为“虎月”；阴历二月，春风送暖，大地复苏，小草拱破地皮，绽露新绿，兔子此时开始活跃起来，于是人们称二月为“兔月”；三月多雾，雷声阵阵，神龙显现，称“龙月”；四月天暖，蛰蛇出洞，称“蛇月”；五月草长，人欢马叫，称“马月”；六月草茂，羊群遍野，称“羊月”；七月树茂，群猴出没山间，称“猴月”；八月中秋，杀鸡饮酒，称“鸡月”；九月秋收，防盗要狗，称“狗月”；十月秋凉，肥猪满圈，称“猪月”；十一月下雪，屋内多鼠，称“鼠月”；十二月风寒，老牛归棚，称“牛月”。

如此说来，“猴年马月”其实是存在的。可惜的是，生肖纪月没有沿用下来。

古时候，十二生肖还有其他称谓，如十二禽、十二兽、十二属、十二神、十二物、十二虫等。

很多人以为，生肖是中国独有的文化，特别是汉族独有的习俗，其实不然。

中国少数民族不仅也拥有自己的生肖文化，而且历史非常悠久。根据考古和文献资料，敦煌石窟发现的经卷中，已有关于马年、兔年的记载；1889 年在今鄂尔浑河畔发现的公元 8 世纪的突厥文《阙特勤碑》和《毗伽可汗碑》，1890 年在同一地点发现的 9 世纪的突厥文《九姓回鹘可汗碑》，以及 13 世纪中叶成书的《蒙古秘史》，都是用十二生肖纪年的；清代学者赵翼在《陔余丛考》一书中指出，唐朝时黠戛斯国人(中国古代少数民族之一，今天柯尔克孜族的祖先)已用十二物纪年，宋朝时吐蕃国(古代藏族建立的王国)也有十二辰属等。

如今，我国的一些少数民族也使用生肖，比如哀牢山彝族十二兽为虎、兔、穿山甲、蛇、马、羊、猴、鸡、狗、猪、鼠、牛；西双版纳傣族十二兽为鼠、黄牛、虎、兔、大蛇、蛇、马、山羊、猴、鸡、狗、象；蒙古族十二兽为虎、兔、龙、蛇、马、羊、猴、鸡、狗、猪、鼠、牛……

仅从次序和名目上看，少数民族的十二生肖与汉族的大同小异，但是落实到使用方法，却千差万别。彝族只用生肖来纪日，彝历以三个属相轮一周，即三十六日为一个月；每轮回三十个属相周，三百六十日为一年；十个月终了，另外五天(或六天)为“过年日”。西双版纳地区的傣族所使用的傣历，以“骨”为年，“血”为月，“皮”为日；子年是鼠骨、丑年黄牛骨、寅年虎骨，四月兔血、六月小蛇血、七月马血，申日猴皮、酉日鸡皮等。

要说中国的生肖文化蔚为大观，外国的生肖习俗也是丰富多彩。

与中国并称“四大文明古国”的古巴比伦、古埃及、古印度，历史上都曾使用十二生肖，后两个国家的生肖文化一直流传至今。古巴比伦的十二生肖是：猫、犬、蛇、蜣螂、驴、狮、公羊、公牛、隼、猴、红鹤、鳄，埃及的十二生肖是：牡牛、山羊、猴子、驴、蟹、蛇、犬、猫、鳄、红鹤、狮子、鹰。

与这两个国家相比,印度的生肖文化与中国要接近得多,它只是用“狮”代替了“虎”,用“金翅鸟”代替了“鸡”。当然,不同国家的生肖观念也有所差别。比如在印度,生肖被认为是神的座驾,分别为招杜罗神、毗羯罗神等十二位神服务。

在日本、朝鲜、韩国、柬埔寨、泰国、越南等其他东方国家,也有生肖文化,且与中国有极高的相似度。如柬埔寨的十二生肖与中国的差别只是以“牛”打头,泰国的十二生肖从“蛇”开始,而越南的十二生肖则是用“猫”替换了“兔”。

在诸多使用生肖的东方国家中,缅甸独树一帜。他们不用生肖来纪年纪月纪日,而以星期几为依据,且生肖与方位有关。缅甸人只有八大生肖,周一出生者属虎(东方),周二出生者属狮子(东北方),周三上午出生者属双牙象(南方),周三下午出生者属无牙象(西北),周四出生者属老鼠(西方),周五出生者属天竺鼠(北方),周六出生者属龙(西南),周日出生者属妙翅鸟(东南)。

远在美洲的墨西哥,也有生肖观念,其中虎、兔、龙、猴、狗、猪这六种生肖动物与中国相同,其余六种则是当地常见的动物。

欧洲国家虽然没有类似于中国的十二生肖,但是他们将自己的出生月份与天上的星座联系起来,形成了星座学说。

近些年来，星座学说传到中国，受到众多年轻人的追捧，被一些人戏称为“洋生肖”。“洋生肖”源于古巴比伦的黄道十二宫文化，包括白羊宫、金牛宫、双子宫、巨蟹宫、狮子宫、室女宫、天秤宫、天蝎宫、人马宫、摩羯宫、宝瓶宫和双鱼宫，其中有八宫是动物。不过，仅从表面来看，“洋生肖”与中国生肖的亲缘关系还是要远些。

生肖是一种全球性的文化，但不能不提的是，中国的生肖文化在世界上举足轻重。举例来说，目前世界上发行过生肖邮票的国家和地区已经有近百个，尽管各国生肖邮票图样版式各异，但其生肖动物及发行年份均是遵从中国古老的生肖纪年法。而且，很多国家和地区之所以发行生肖邮票，正是为了纪念与中国的交好及传播中国的生肖文化。

生肖文化博大精深，本书将主要立足于汉族十二生肖，探寻生肖文化的真正缘起，亲近十二种生肖动物；探究中国人如何喜爱尊崇着它们并将之融入生活；揭开生肖命理的神秘面纱，分析它到底与人的命运有着怎样的关联；并最终徜徉于生肖艺术长廊，品味古今生肖文艺作品中的诗情画意。

目录

第三章 十二生肖的文化神格与民间风俗

第一章

十二生肖的文化溯源

生肖文化，多少带着几分神秘。它到底发源于何时何地？为什么是这些动物而不是其他？它们的次序如何排出？

第一节 源起何时何地

作为一种世界性的文化，生肖的身世来历是许多人感兴趣的一个话题。古往今来，不少学者通过研究，提出了自己的见解。

有人认为，生肖与地支同源，根据《史记》中所载的黄帝“建造甲子以命岁”，这里的“甲子”就是十二生肖，由此将十二生肖追溯到黄帝时代。

◎ 清代青玉十二生肖 韩冰摄

有人指出，动物纪年应起源于我国北方以畜牧业为主的少数民族，后来在民族融合的过程中，华夏民族将这种纪年方式吸收到自己的文化中，与干支纪年结合形成了十二生肖。如清代学者赵翼在《陔余丛考》中说：“盖北俗初无所谓子丑寅之十二辰，但以鼠牛虎兔之类分纪岁时，浸寻流传于中国，遂相沿不废耳。”

也有学者提出，生肖是从国外传来的，比如郭沫若先生在1929年发表的《释干支》一文中就提出，十二生肖起源于古巴比伦的黄道十二宫。汉朝时期，西域各国仿十二宫造出了十二生肖，汉武帝时张骞出使西域，将它带回了中国。

前人的论断由于缺乏凭证，便停留在了假说的层面。与之相比，根据古文献记载和出土文物来探求十二生肖的来历，似乎是更为可靠的途径。20世纪70年代以前，学术界将中国关于生肖的文字记载追溯到东汉王充的《论衡》，其曰：

“寅，木也，其禽，虎也。戌，土也，其禽，犬也。……午，马也。子，鼠也。酉，鸡也。卯，兔也。……亥，豕也。未，羊也。丑，牛也。……巳，蛇也。申，猴也。”

文中提到了十一种生肖动物，唯独缺了辰龙。该书中的《言毒篇》又说：“辰为龙，巳为蛇。辰、巳之位在东南。”这样，十二生肖就完整了。

而到了当代，学者们则认为早在《诗经》当中，十二生肖便已初见端倪。《诗经·小雅·吉日》里有：“吉日庚午，即差我马。”在这句诗中，古人已将午与马相对应，有人据此推测，此时，地支与十二种动物的对应关系已经确立并且流传。今人敢于如此论断，离不开考古发现的佐证。

1975年，在湖北云梦县睡虎地十一号秦墓出土的竹简中，有甲、乙两种选择时日吉凶的《日书》，其中甲种背面的“盗者”篇章中记载有用生肖占卜盗贼相貌特征的内容：

“子，鼠也。盗者锐口，稀须，善弄，手黑色，面有黑子焉，疵在耳，藏于垣内中粪蔡下。多名鼠鼷孔午郢。”

其后，地支与动物的配对依次为：丑，牛也；寅，虎也；卯，兔也；巳，蟲也（蟲即蝮蛇，蛇的一种）；午，鹿也；未，马也；申，环也（环读为“猨”，猨即猿）；酉，水也（水读为“雉”，雉是鸡的一种);戌,老羊也;亥,豕也。其中除“辰”没有出现,“午”与“鹿”、“未”与“马”、“戌”与“老羊”和今日生肖配对不同,其余完全或基本吻合,这充分证明,十二生肖在春秋前后已经存在。此外,这一发现也将前述郭沫若等学者提出的“生肖外来说”推翻了,虽然证据仍不确凿,但中国学者对于生肖发源于本土的信心由此大大增加。

有趣的是,1986年4月,甘肃天水市放马滩秦墓中也出土了《日书》竹简,年代跟睡虎地秦简差不多,其中也有一段关于盗者的生肖记录,记录中生肖与地支的对应关系与今日十二生肖相比,除“辰虫”“巳鸡”之外,其余完全相同。将上述两次考古成果放在一起比较,我们能发现,十二生肖出现的最初,各地的生肖动物还有所不同,而至东汉时,生肖种类已与今天没有差异。可见,十二生肖的演变和统一还是一个长期的过程。

生肖被用来标示人的出生年份,至迟在南北朝时已经出现。在《北史·宇文护传》中,宇文护的母亲写给儿子的信里有这样一段文字:“昔在武川镇生汝兄弟,大者属鼠,次者属兔,汝身属蛇。”可见,当时人们对于生肖的使用方式与今人已没有太大差别。

第二节 为何取数十二

生肖数目为什么是十二？有人说，地支有十二个，动物与之相配所形成的生肖，自然也是十二个。这种回答实际上并没有解决根本问题，我们可以进一步追究：地支为何取数十二？因此，问题的关键在于，“十二”在中国文化当中具有怎样的意义。

◎ 民间剪纸《生肖纳福》

对于中国人来说，“十二”是一个神秘的数字。早在春秋时期的《左传·哀公七年》中，便有记载：“周之王也，制礼上物，不过十二。以为天之大数也。”意思是说，周朝取代商朝为王，制定了周礼，从穿衣戴帽到祭祀用牲等均有严格的等级规定，其中最上等的数字就是“十二”。

“十二”这个数字之所以在中国文化中获得了如此

神圣的位置，与古人“观物取象”的认知方式有关。《周易·系辞》云：

“古者包牺氏之王天下也，仰则观象于天，俯则观法于地。观鸟兽之文与地之宜，近取诸身，远取诸物。于是始作八卦，以通神明之德，以类万物之情……”

这段话描述了中华民族的始祖之一伏羲（即引文中的“包牺氏”）当初制作八卦的情形，而伏羲所借助的也正是“近取诸身，远取诸物”的“观物取象”的思维方式。

自古以来，中国普遍使用的计数法有两种：十进制和十二进制。“十”被用作天干，“十二”被用作地支。据研究，十进制最初取象于人的十指，而十二进制与古人观天象的活动密切相关。

世间万物都有自己的运行规律，人类也在努力认识着这些规律。我们的祖先感受到了寒来暑往的交替，以及植物随季节枯荣的道理，并以之为“一岁”。而通过观察天象，包括中华民族在内的不少古老民族在很早的时候就发现，月亮盈亏的周期也与“岁”相关——十二次月圆正好为一岁。

用天文学原理来解释，即太阳与月亮沿黄道运行一周，每年刚好会合十二次。“黄道”是指地球上的人看到的太阳一年当中在天空中运行所形成的圆形轨迹。为了方便确定位置，人们把黄道划分成了十二等份（每份相当于30°）。中国人以之为依据，区分出了“黄道吉日”和“黑道凶日”，而西方人将每份用邻近的一个星座命名，于是有了“黄道十二宫”。这也正是世界上大多数民族将一年分为十二个月的原理所在。

中国人不只以“十二”为月的周期，还以之为年的周期——十二年为一纪，这是先人观察木星运转规律得出的结果。古时称木星为“岁星”，岁星大概十二年绕天一周，换言之，它每年都要经过一个特定的星空区域，给每一个区域起一个名称，这样，便可以用"岁在某某"来纪年了。而根据今天的科学观测，木星围绕太阳公转的实际周期为11.86年，与古人的观察结果也十分相近。

《周礼·春官·冯相氏》云："掌十有二岁、十有二月、十有二辰"，也就是说，十二除了被用于计年计月，也被用作计量时辰的单位。

而作为"天之大数"，除时间分割以之累进，在其他方面，"十二"这一数字也经常被用到。如《后汉书·荀爽传》云："故天子娶十二妇，天之数也，诸侯以下各有等差，事之降也。"

此外，中国文化中取十二之数者比比皆是。如"十二天象"是中国古代对天气现象的统称，即晴、阴、雨、雪、冰、雾、露、霜、风、沙、雷、电；"十二经脉"是中医对人体经络的认知；古代音乐有"十二律"；饮食有"十二食"；穿衣有"十二衣"；连《红楼梦》中也有"金陵十二钗"……

总之，"十二"作为古人取象于天际而得出的合理的计量单位，获得了它在中国文化中应有的尊贵地位，而生肖作为古时的一种纪时方法，取数十二，也有其道理。

第三节 纪年为什么选动物

十二生肖选择了动物作为主角，其道理何在？这个问题，历来也是众说纷纭。

有人揣测十二种动物与十二地支有密不可分的关系，两者搭配的纪年方式使之更加方便易记。

有学者研究发现，十二地支的古文字中隐含着些许生肖动物的信息，一个证据是，东汉的许慎在《说文解字》中即讲到"巳"是蛇的象形字，"亥"是豕(古代猪的称呼之一)的象形字。

也有人说，这十二种动物是古人通过观察自然规律而选择出来的。前面已经提到，木星大约每十二年绕太阳一周，随着它的运转，地球上生物的生长也呈现出一定规律，某一年会对某一种动物特别有利，古人认为，这一年出生的人如果能模仿这种动物的特性，也会有利于他的成长，于是，这一年被称为该动物年，该年出生的人也就属这个属相了。

然而到目前为止，最具影响力的一种解说却是图腾崇拜说。"图腾"这个词来源于印第安语，过去人类学家在考察印第安部落时发现，印第安人中有把某种动物或者植物视为跟自己有某种亲缘关系，并且对它们加以崇拜的现象，印第安语称之为"ot-otem"或"ot-otam"，翻译成英语即"totem"。后来，人类学家又发现世界上许多地方也有类似情况，于是就直接用"totem"来指代这种现象了。在中国，"totem"最早被思想家严复音译为中文，即"图腾"。

在原始社会，我们的祖先为了生存，要不停地与动物打交道，既要躲避它们的袭击，又要依赖其作为食物。于是，他们开始了对动物的顶礼膜拜：祈求猛兽不要伤害自己，祈求可供食用的动物茁壮成长，总而言之，是希望它们庇佑人类。于是，图腾崇拜产生了。

十二生肖的成分虽然乍看有些复杂，但是仔细分析，大体分为以下几类。

第一类是家畜，包括牛、马、羊、鸡、狗、猪、兔，数目超过了十二生肖的一半。其中前六种是中国古人最为看重的家养“六畜”，《三字经》有云：“马牛羊，鸡犬豕。此六畜，人所饲。”今天多数国人对牲畜的感情已仅限于对它们成为美食之后的垂涎，但在我们的祖先眼里，它们可是异常重要的。据南朝时期宗懔编写的《荆楚岁时记》记载，当时民间将一年之中最美好的日子都让位于一些熟悉的动物：大年初一是鸡的生日，初二是狗的生日，初三是猪的生日，初四是羊的生日，初五是牛的生日，初六马的生日，人类自己的生日被放在了初七。可见，当时古人视牲畜为与自己地位平等的生灵。

第二类是野生动物，包括蛇、虎、猴。数千年前，在生存条件极其恶劣的情况下，野兽的侵扰让先民寝食难安，其中，蛇与虎是让人备感困扰的两种动物。正因如此，古人才为我们留下了“一朝被蛇咬，十年怕井绳”的俗语和“谈虎色变”的成语，先民对它们由惧怕转变成崇拜也在情理之中。至于猴，它的相貌举止与人类的相似，令我们的祖先百思不得其解，于是也产生了对它的尊崇。

第三类是神化的动物龙。它虽不是现实存在的动物，但我们的祖先早在六七千年前就确立了其在中华文化中的权威地位，十二生肖中又怎能少了它呢？

还有一种生肖动物没有提到，那就是鼠。小小老鼠，长相不起眼，德行也不佳，为何还能跻身十二生肖？让我们从它与人类的关系来看：一方面，鼠与人类关系之亲密不亚于十二生肖中其他任何一种动物，它吃在人家，住在人家，可以说是人类意外饲养的“家畜”；另一方面，它不像其他家畜一般为人类做贡献，人类却也拿它束手无策，捕鼠高招一出，老鼠或有对策，或消停一段时间后又层出不穷，人类对它的“才能”真是又怕又恨。所以说，老鼠被列入十二生肖也不意外。

说到老鼠，有些人马上想到了猫——它跟人类的关系也很密切，怎么没能入选生肖排行榜？这样想的人可不少，清朝时候，还出了下面桩趣闻。

有一次，荷兰大使夫人及女儿应慈禧太后之邀入宫聊天，慈禧见了她们，一时不知如何启口，便按中国俗套寒暄，问大使女儿属什么。大使女儿一下子愣住了，不知如何回答，因为荷兰民族没有生肖习俗。可是，一国太后的问话又不好不回答，她细想自己爱吃鱼，猫也爱吃鱼，就胡诌道自己属猫。慈禧是典型的守旧派，根本不了解国外的情况，听说她属猫，自然惊诧不已。

这则笑话反映了慈禧太后的昏庸无知，也从另一个角度透视出猫在中国传统文化中的地位。

其实，猫没被列入十二生肖的道理很简单：远古时中国并没有猫，如今我们饲养的家猫，最早的故乡在非洲苏丹，后来传入埃及，很晚的时候，才由埃及传到其他国家，中国也在此列。因而在中国人的动物伙伴当中，猫是后加入的，所以古人跟它的关系，远不如与其他家畜亲密，把它作为生肖也有点不可思议。

第四节 生肖交椅怎样排出

十二生肖动物种类驳杂、秉性不一，我们的祖先以什么为依据给它们排出了次序？这个问题，不只今天的人好奇，古人也喜欢对之穷根问底。古时有不少学者提出了他们的看法，以下是比较有影响的几种，读者可以自己来判别一下哪种解释更有道理。

天干地支出现之后，古人也用地支来记录一天的时辰，每个时辰相当于今天的两个小时：二十三点至凌晨一点是古时候的子时，一点至三点是丑时……一周轮下来，二十一点至二十三点是亥时。一些学者就以此为突破口来推敲十二生肖的来历和排序成因。明代叶子奇在《草木子》一书中云：

◎ 生肖葫芦烙画 杭州民间艺人王喜辰制作

“术家以十二肖配十二辰，每肖各有不足之形焉，如鼠无牙、牛无齿、虎无脾、兔无唇、龙无耳、蛇无足、马无胆、羊无神、猴无臀、鸡无肾、犬无肠、猪无筋，人则无不足也。”

他指出，十二种动物被安排与十二个时辰相匹配，是因为它们形体上有缺憾。对于这种看法，姑且不去追究它对动物形态的认知与今天生物学认识的差异，单是其中的推理逻辑，现代人也难以领悟：形体缺憾与辰属相配有何必然联系？然而，虽有古人对这种看法提出疑问，却不是从这个角度出发的。

明代大学者郎瑛在《七类修稿》中就反驳道：天下形体有缺憾的动物多了，为什么偏偏选中这十二种呢？当然，驳是为了立，他提出了自己的观点：天干地支中，地支在下，所以判别动物的阴阳，应该看它们的足趾数目。足趾数是偶数的配地支中占双数者（阴），足趾数是奇数的配地支中占单数者（阳）。

老鼠前爪四趾，后爪五趾，前阴后阳，而子时的前半部分是昨夜之阴，后半部分是今夜之阳，所以鼠与子时相配很合适；牛、羊、猪都是偶蹄动物，鸡爪有四趾，兔子没有嘴唇而爪子有四个趾头，蛇虽然没有爪子但是舌头分叉成两半，所以它们都算足趾数属于偶数的，占了地支中属阴的六项；虎爪和龙爪都是五趾，猴和狗也是如此，足趾数均为奇数，马蹄是圆的没有分趾，也算做奇数，所以它们占了地支中“子”之外的属阳的其余五项。

其实，用阴阳学说来解释生肖排序，也并不是朗瑛的创见，宋朝学者洪巽早在《旸谷漫录》一书中已经提出类似观点。朗瑛的高明之处在于，他还将动物性情和阴阳学说相结合，把排序形成的原因更加具体化了：

“如子为阴极，幽潜隐晦，以鼠配之；鼠藏迹也。午为阳极，显明刚健，以马配之；马快行也。丑为阴也，俯而慈爱生焉，以牛配之；牛有舐犊。未为阳也，仰而秉礼行焉，以羊配之；羊有跪乳。寅为三阳，阳胜则暴，以虎配之；虎性暴也。申为三阴，阴胜则黠，以猴配之；猴性黠也。日生东而有西酉之鸡，月生西而有东卯之兔，此阴阳交感之义，故曰卯酉为日月之私门。今兔舐雄毛则成孕，鸡合踏而无形，皆感而不交者也。故卯酉属兔鸡。辰巳阳起而动作，龙为盛，蛇次之，故龙蛇配焉。龙蛇，变化之物也。戌亥阴敛而潜寂，狗司夜，猪镇静，故狗猪配焉。狗猪，持守之物也。”

关于生肖交椅是怎么排出的，还有一种说法影响也比较大，那就是认为生肖与动物出没时间，也就是跟它们的习性有关。明末文人李长卿在《松霞馆赘言》中就提出了这样的观点，后来被清代刘献廷《广阳杂记》转引——

子时，天色未亮，老鼠是耗虫，需要它来咬开天，所以“子”与鼠相配；天开之后需要辟地，牛耕田，属辟地之物，所以“丑”同牛搭配；人生于寅时，有生就有死，而夺人性命者莫过于虎，“寅”又有敬畏的意思，所以“寅”同虎相配；卯时，太阳即将升起，而阴阳相感，太阳中也含有月亮的精华，故“卯”时与月宫玉兔相连；辰是三月的卦象，三月恰值群龙行雨之时，“辰”就属龙了；巳是四月的卦象，这时候青草茂盛，蛇适得其所，如此，“巳”时属蛇；午时，阳气由极盛而衰，阴气即将产生，马至为刚健，四蹄飞奔，却不离地，所以“午”时归马；未时，羊吃此时的草容易上膘，故“未”时归羊；申时，猴子非常活跃，喜欢啼叫，故让猴与“申”时搭配；酉时月亮升起，月中含有日之精华，故“酉”与日中之鸡相连；戌时，狗开始看守门户，所以“戌”时与狗相联系；亥时，万籁俱寂，万物也正孕育于混沌之中，此时猪睡得最熟，就把“亥”时送给了猪。

第五节 民间故事释生肖

生肖文化有诸多奥秘，学者们也给出了不少阐释，可那些阐释似乎总是难以自圆其说，让人不尽满意。下面，就让我们来见识一下老百姓的智慧吧。十二生肖，是民间故事历来偏爱的一个主题。而下面这则故事，是民间流传很广的一个版本。

有一天，玉皇大帝觉得凡间用天干地支纪年虽然不错，但是一般人哪里记得什么子午卯酉？若是用动物来代替，岂不通俗又方便？于是决定召开一个甄选生肖大会，颁下圣旨通知各类动物。

◎ 生肖蛋雕 山西民间艺人薛润福制作

那时候猫和老鼠还是好朋友，吃住一块，情逾兄弟，接到圣旨都很高兴，说好要一起去参加大会。因为猫喜欢睡觉，常常一睡就日过三竿，所以大会前夜跟老鼠商量：“鼠弟，明天大会，我怕睡过头，拜托你明早叫我起床好不好？”老鼠说：“猫哥，没问题！你放心睡好啦，到时我一定叫你！”猫听了，道声谢谢，真的放下心来呼呼大睡了。次日，天还暗黑黑的，老鼠就起床了，蹑手蹑脚地梳洗一番，却没有叫醒熟睡的猫，自个儿走了。

天大亮时，各种动物陆续来到大会场，盛况空前。玉皇大帝详看斟酌，选出鼠、牛、虎、兔、龙、蛇、马、羊、猴、鸡、狗、猪十二种动物，作为人的生肖。挑出十二种动物后，接下来就是排次序的问题，这引起了会场内一阵骚动，每个动物都想做领头。玉皇大帝似乎也有点儿头疼，不知怎么排序才算公平。这时，他突然发现，大家吵吵嚷嚷，只有敦厚老实的牛静坐一旁，安然悠闲，一点儿也不激动。他当下有了主意，说："别吵了，顺序由我来决定。你们之中的牛个头大，性情稳重，让牛做第一肖。"玉皇大帝的话，谁敢不从？就连一向凶猛、自尊为百兽之王的老虎，虽然快快不乐，也没有提出异议。

不料小老鼠跳出来，吱吱两声说："应该是我最大，排第一才对！"大家好生奇怪，十二种动物中明明就是它最小，怎么自称最大呢？真是头脑有毛病了。老鼠说："每次我一出现，看见的人总会叫，'呀，好大的老鼠！'从来也没有听人说过'好大的牛'，可见我在人们心目中比牛大。"老鼠这一番话，大家都不信服，玉皇大帝也感到怀疑，怎么人们会认为鼠比牛大？老鼠提议："你们若是不信，可以到人多的地方试试，如果人们都说我大，就让我做第一肖，怎么样？可不能反悔呀！"

众禽兽满腹狐疑，玉皇大帝也同意试一试，于是相伴到人间的市集去。当牛走入市集时，人们对它都视若无睹，继续自己的买卖，这时狡猾的老鼠突然爬到牛背上，赶集的人们一见牛背上的老鼠，果然惊呼起来："啊呀，好大的老鼠！"玉皇大帝亲耳听到有人都这样说，无可奈何，只好让老鼠做第一肖，牛只能屈居第二了。

老鼠当上第一肖，意气风发，得意扬扬地回来，这时猫刚睡醒，睁开惺忪的眼睛，伸了个懒腰说："鼠弟，咱们快准备去开会吧！"老鼠嘴一撇，说："你还在做梦呢！大会早结束了，我还当上了第一名。"猫吃了一惊，睡意全消，圆睁大眼问："真的？那你为何没叫我？不是说好一道去的吗？"老鼠云淡风轻地回答说："哦！我忘了。"猫气得胡子根根翘起，大声嚷骂："老鼠！你不讲信用，答应要叫醒我的，我才放心睡，却害我误了大事，看你怎么赔？"老鼠不但不认错，还一副满不在乎的样子，尖口利舌道："我又不欠你什么，凭什么要我叫你？我就是故意不叫你的，你又能怎样？"这下猫气坏了，说："平日你胆小，我总是护着你，今日你却情义全无，可恨！"只见它身子一弓，扑上去用力咬住老鼠的喉咙，左右各甩一下，老鼠后腿抖了抖，吱一声就断气了。从此，猫见了老鼠就挑起心头恨，欲置之于死地，从此猫鼠成了世代冤家。

一则小故事，不仅轻松诙谐地解决了让学者挠头的那些生肖难题，还合情合理地解释了猫和老鼠世代为敌的原因，老百姓化繁为简的智慧和天马行空的想象力真让人叹服！

第二章

十二生肖的生灵性情

生肖的意思是“生在哪年便像哪种动物”，那么，这些生肖动物各有哪些特点和脾性呢？

第一节　硕鼠硕鼠，无食我黍
——狡黠小鼠

鼠类，是地球上一个庞大而古老的动物家族。它是哺乳动物的第二大科，有五百余种。近年来在安徽省附近考古发现，人类还没出现以前，鼠已经在地球上生活了四千七百多万年。

鼠的共同特征是形体小，眼睛小，口吻突出，尾裸而具鳞片。但具体情况也不一而足，如世界上最大的鼠——美洲负鼠，它体躯如猫；而最小的鼠大小如顶针，在显微镜下才能看清它的五趾，它就是俄罗斯巴尔喀什湖地区的跳鼠。

不同种类的鼠分布在不同区域，习性也有所差异。在我国，最常见到的是以下四种鼠：褐家鼠，喜栖于沟渠旁，故又称沟鼠，它也是世界上数量最多的鼠，约占全球鼠类的三分之一；黑家鼠，善于攀登，喜居于楼阁等高处，故又称屋顶鼠；黄胸鼠，在我国南方广布，习性与黑家鼠相似；小家鼠，全国

◎ 剪纸鼠

广布，体形小，常栖居于民房杂物堆及各种缝隙中。此外，常见的鼠的种类还有巢鼠、田鼠、沙鼠、仓鼠等。

鼠，在民间又有“老鼠”“耗子”等称谓，后者得名的原因就是鼠特别能损耗物品。古人造字取象，甲骨文中的“鼠”字就像是一只小老鼠张着嘴在咬东西。

鼠的繁殖能力和生存能力一流，故其家族庞大，据统计，全球鼠的数量为世界人口的数倍，它们每年食用的粮食能达数千亿吨。据报道，1996 年吉林榆树县一户农民一个冬季挖鼠洞找到了上千斤大豆（1996 年 1 月 21 日《光明日报》）；1993 年，新疆和田地区的一个乡在鼠洞里挖出一万余斤棉花（1993 年 12 月 17 日《北京晚报》）。人类辛苦劳动所得就这样被老鼠轻松据为己有！

饱受鼠类折磨的可不只是现代人，中国最早的诗歌总集《诗经》中的《硕鼠》篇，就如此吟咏道：

“硕鼠硕鼠，无食我黍！三岁贯女，莫我肯顾。逝将去女，适彼乐土。乐土乐土，爰得我所？硕鼠硕鼠，无食我麦！三岁贯女，莫我肯德。逝将去女，适彼乐国。乐国乐国，爰得我直？硕鼠硕鼠，无食我苗！三岁贯女，莫我肯劳。逝将去女，适彼乐郊。乐郊乐郊，谁之永号？”

这是古人对老鼠发出的恳求：大老鼠呀大老鼠，不要再偷吃我种的黍！多年辛苦养活你，你却不顾我的生活……

老鼠损耗物品，除为食用，还有个不得已的原因。老鼠属于动物界中的啮齿目，这一目动物的基本特征一致，除都具有两上两下四个齿形门齿而无犬齿之外，还有个突出特点——齿髓腔不封闭，故门齿能一直生长。为抑制门齿生长，老鼠就只能经常啃咬硬物了，正因如此，旧时人家家中鼠多，衣柜、书本便常被它们啃得粉碎。

除了身为“耗虫”，老鼠还有一个致命的坏处，那就是传播疾病。老鼠能够传播的疾病至少有三十种，其中最可怕的是鼠疫。鼠疫早在两千年前即有记载，而1793年云南师道南所著《死鼠行》中描述当时“东死鼠，西死鼠，人见死鼠如见虎。鼠死不几日，人死如圻堵”，鼠疫之害，令人惊悚！

老鼠德行不佳，自然招致骂名。鼠目寸光、鼠窜狼奔、鼠肝虫臂、鼠牙雀角、鼠窃狗盗，这些成语无一不是人们借鼠的卑劣来说事。人类不仅用语言泄恨，也采取了实质性的行动，欲将老鼠置之死地而后快，种种灭鼠高招层出不穷，官方也曾将老鼠列入“四害”，掀起大规模的灭鼠运动。

然而正所谓“敌在明处，我在暗处”，鼠类自有办法对付自称“万物之长”的人类，长期从事偷盗行为的它们早已练就一身的本领。老鼠啃食，总是小心翼翼、吃吃停停，一旦有点儿风吹草动，耳聪目明的它们立即溜之大吉。人类最常用来对付老鼠的方式是投放老鼠药，不过多少年来，这一方式并未取得理想收效。

开始人们把失败归咎于老鼠对毒药的抵抗力不断增强，后来科学家们发现，这其实是由于老鼠的智商特别高。灵长类动物的大脑呈螺旋状，但老鼠的大脑却是一片平滑，不过，这并不影响老鼠具有惊人的智慧。科学家们指出，老鼠具有极精细的神经系统，在一个城市投放一种新的毒鼠药，几个小时内，消息就可以传遍各个鼠群。人们刚开始使用毒鼠药时，老鼠曾经无法应付，但如今它们都知道寻找富含维生素E的食物来吃，因为这种物质有助于解毒。老鼠生来谨慎，第一次吃到新的东西，它绝不吃大的分量，而且一发现不对劲，就不再让其他老鼠接近，从而保护了整个鼠群。

此外，老鼠还有一种特殊的能力，能把对某事物的厌恶遗传给下一代。这样，发生在上一辈老鼠身上的悲剧，绝不会在下一代老鼠身上重演。就是依靠这些本领，鼠族日益昌盛。据科学研究，成年的老鼠还对人类的话语有所反应，其智商甚至接近七八岁儿童的水准。

如此看来，造物主是公平的，老鼠行窃是本性使然，上天也宽容地赋予了它足够的生存本领。而人类亦是宽容的，其实，撇去老鼠阴暗的那一面，它身材娇小，四肢灵活，圆头细爪，外表尚有几分可爱，而它探头探脑、遇事飞快开溜的模样让人类既生气又无奈，还感觉有几分滑稽。所以人对鼠的情感，也是矛盾的，虽有厌恶，也有喜爱。中国有一支家喻户晓的童谣：“小老鼠，上灯台，偷吃油，下不来。叫妈妈，妈不来，叽里咕噜滚下来。一滚滚到油缸里，爬呀爬呀出不来。”童谣里，老鼠是一副多么单纯可爱的形象！

◎ 紫砂鼠艺术品

不少中外卡通片也以聪明伶俐的老鼠为主角，如举世闻名的动画片《猫和老鼠》中，家猫汤姆绞尽脑汁想要抓住老鼠杰瑞，可机灵的杰瑞总能使汤姆狡诈的诡计适得其反，最终让它自食其果。猫和老鼠亦敌亦友，恶作剧和幽默片段让人不断捧腹。

美国的卡通大王沃尔特·迪斯尼有句名言：“一切都始于一只老鼠（It all started with a mouse）！”原来，年轻时的迪斯尼曾经穷困潦倒，一天，他正在画板上描绘着他的漫画家之梦，一只老鼠瑟瑟缩缩地爬到桌子上偷食面包屑，但他并没有赶走它或置它于死地。以后，这只老鼠便频频光临，以至于大胆地与他逗乐。这只可爱的老鼠激发了迪斯尼的创作灵感，他以之为原型，创作出了风靡世界的卡通明星——米老鼠，也正以此为起点，才有了日后给全世界小朋友和大朋友们带来欢乐的迪斯尼王国。

今天，关于鼠的趣闻仍在继续。据新闻报道，在江苏盐城，一天晚上，一位姓徐的老汉正在看电视。突然，他背后靠墙的碗柜上，传来“吱吱”的叫声。徐老汉回头一看，只见一只硕大的灰老鼠，两只眼睛瞪得大大的，正在看电视。看到欢畅处，它还会手舞足蹈，嘴里发出“吱吱”的叫声。徐老汉没有惊动它，而是让它看了下去。从此，这只老鼠就成了徐老汉家看电视的常客。不时，徐老汉还能从老鼠看电视时那可爱又丰富的表情中，得到不少乐趣呢！

第二节 耕农之本，百姓所仰
——俯首为牛

十二生肖里面，“牛”在人们的日常口语中出现的频率绝对排名三甲，大家常会将“牛”“大牛”“你真牛”“牛什么牛”“牛气”“吹牛”等挂在嘴边，之所以会出现这样的文化现象，应该与牛超常的生理特性有关。

牛属于哺乳纲偶蹄目牛科，下分牛属和水牛属，前者又包括普通牛（分布较广）、驼峰牛（印度和非洲等热带地区特有的牛种）、牦牛（中国青藏高原的独特牛种）、野牛（分布于美洲、欧洲等)四种。在中国,北方常见黄牛,毛为黄褐色,它属于普通牛;南方常见水牛,毛为棕黑色。

牛类的生理特点是:头上有角;牙齿为三十二枚,其中门齿八枚,上下臼齿二十四枚,无犬齿;上颚无门齿,只有齿垫;牛的胃与众不同,分四个室,一为瘤胃,二为蜂巢胃,三为重瓣胃,四为皱胃;牛采食很粗糙,不经细嚼即将饲料咽下,进入瘤胃后,经过水分的浸润膨胀和微生物的发酵,通过蜂巢胃,重新返回口腔内细嚼后,进入重瓣胃,再入皱胃到达肠部,这一过程叫作反刍。消化系统的上述特点,使得牛力强,耐苦劳,适于负重或耕田。

◎ 牦牛

牛是农耕民族的祖先最早饲养的动物之一。在五千多年前,牛就被驯养成为家畜,在我国山西、河南、四川等地都出土过距今五千年左右的水牛遗骸化石。牛也是游牧民族最早饲养的牲畜之一,古代北方少数民族敕勒族有一首著名的民歌《敕勒歌》:

“敕勒川,阴山下,天似穹庐,笼盖四野。天苍苍,野茫茫,风吹草低见牛羊。”

早在殷商时期,人类就发现牛作为一种动力资源,能够挽犁拉车。从此,原先的人拉犁转变为牛挽犁,不仅耕地面积扩大了,深翻土地、精耕细作也成为可能。甲骨文中常见的“犁”字,即像牛牵引犁头翻土的样子。汉朝应劭曾在《风俗通义》中讲道:“牛乃耕农之本,百姓所仰,为用最大,国家之为强弱也。”

从历史的长河来看，牛耕的发明，大大提高了生产力水平，是人类发展史上的一个重大事件。而微缩到一个家庭来讲，过去牛是一个农业家庭的主要劳动力，它陪主人起早贪黑，勤恳劳作，吃得糙却干得多，任劳任怨，因而农民们都将牛视为家中宝，甚至心头肉。

正因为牛的勤勉踏实非其他动物所能及，所以鲁迅先生曾用“俯首甘为孺子牛”来表达自己为人民无悔奉献的决心。牛的好处又不仅限于耕作，它还能提供牛奶、牛肉，所以鲁迅又用“我吃的是草，挤出的是奶”来表达自己不愿计较、甘于奉献的精神。

牛体格健壮，性情执拗，所以今天人们形容一个人体格好，常说他“壮得像个小牛犊”，而说他脾气大，就会说他是“牛脾气”。

由于牛的上述特点，古今中外都有斗牛运动。人与牛搏斗的传统，我国古已有之，在河南南阳出土的汉画像石上，就有人牛相斗的场面。两牛相斗，也是常见的斗牛方式。

在我国，以浙江金华斗牛最为有名。金华斗牛，历史悠久，相传始于北宋明道年间，根据文献记载，当时的斗牛盛会，观众多达千万人。此风最盛的是金华北乡，从每年春播结束后的“开角”进行一年中的第一次斗牛，一直延续到第二年春耕前“封角”的最后一次斗牛为止，除农事大忙稍有间断外，几乎是一月一大斗，半月一小斗。战国时期，齐国田单曾布火牛阵一举击败燕军，利用的也是牛的骁勇。

西班牙斗牛举世闻名，英勇无畏的斗牛士手持红色斗篷在公牛眼前晃来晃去，灵巧穿梭，而被激怒的公牛的尖角犹如利刃多次与斗牛士擦肩而过，引起观众阵阵惊呼，非常惊险刺激。许多看过斗牛表演的人以为是斗篷的红色刺激了斗牛，使之易怒，殊不知公牛其实是色盲，无论你拿什么颜色的布静止地展现给它，斗牛都是没有感觉的，只有摇动的物体才能激起它们的斗志。

不过，大多数时候，牛其实还是一种平静温和甚至温情脉脉的动物。田间休息时，它悠闲地嚼着草儿，呈现出一幅自在安然的画面。

中国古代思想家老子骑一头青牛出函谷关（今河南与陕西交界处）西行，为后人留下不朽的哲学名著《道德经》，他选牛为坐骑颇有道理，牛儿安闲的气质正与老子逍遥的精神相吻合。

◎ 明代老子骑牛出关铜像

有个成语叫“对牛弹琴”，仿佛牛是种不解风情的动物，实则不然，牛通人性，它虽不能言语，却对生活和主人有着浓浓的依恋和不舍。当其年岁渐老，即将被宰杀时，两眼会一直不停地流淌泪水，面对此情此景，宰牛人也不得不将牛头裹住再杀。而宰杀牛也是农民最不愿做的事情之一，他们认为，杀掉劳苦功高的牛，是有损阴德的。

第三节 声吼如雷，风从而生，百兽震恐
——虎为兽首

如果说非洲的兽中之王是狮子，那么亚洲的兽中之王毫无异议应该是虎。中国人很早就认为虎在百兽中居王者之位。中国最早的字典《说文》中曰：“虎，山兽之君也。”汉代应劭的《风俗通》也说：“虎为阳物，百兽之长也。”

◎ 石雕虎

古代有不少文人争相描摹山林霸主的姿态，《格物论》中的一些描述就很精彩：

“状如猫而大如牛，黄质黑章，锯牙钩爪，须健而尖，舌大如掌，生倒刺，项短鼻齆”，“凡虎夜视，一目放光，一目看物。声吼如雷，风从而生，百兽震恐。”

古生物学研究表明，虎起源于地质年代的第三纪，由古肉食动物中的真猫类进化而来，它的存在已有两百多万年以上的历史了。

在动物学分类上，虎与狮、豹同属哺乳纲大型猫科动物。它的原产地是欧亚大陆北部，后来因为气候突然变冷，就向南

迁徙，经我国、印度直至东南亚地区。根据身体结构、产地、生活习性、毛色等不同，虎又分为东北虎（又称西伯利亚虎或黑龙江虎）、华南虎、印度虎、中亚虎（又称南亚虎）、苏门答腊虎、爪哇虎、里海虎和巴厘（岛）虎八个亚种，其中后三种已经灭绝。

现代虎身长 1.4 米到 2.8 米，尾长可达 1.1 米，体重为 160 千克至 230 千克，重者甚至达到 380 千克。前述八个亚种中，东北虎体型最大，苏门答腊虎最小，前者体重超过狮子，甚至是小体型热带虎的两倍。

虎的名号，并非浪得。它在自然界中处于食物链的最顶端，以大中型食草动物为食，也会捕食其他食肉动物，曾有攻击捕杀亚洲象、犀牛、鳄鱼、豹、熊等大型动物的记载。

虎喜独行，每只成年虎均有自己的领地，甚至雌雄之间平时也互不往来，各自在自己的区域内活动，只有到发情的时节才聚合在一起，交配后又各奔东西。虎不仅不允许其他成年虎侵犯自己的领地，即使其他食肉动物，诸如豹、狼群等，也都会受到一定压制。

虎的爆发力大，跳跃能力强，一跳五六米远，有粗壮的牙齿和可伸缩的利爪。虎的捕食本领高强，不只有勇，而且有谋。老虎遇到猎物时会伏低，并且寻找掩护，慢慢潜近，它的脚上生有很厚的肉垫，在行动时声响很小，机警隐蔽，等到与猎物处在合适的攻击距离时，它突然跃起，攻其背部，这是为了避免遭到猎物反抗而伤及自身，紧接着它就用锐利的犬齿咬断猎物咽喉。整个捕食过程老虎异常凶猛，动作干净利落，以图消耗最小的能量，得到最大的收获。

虎还有不少其他本领，比如游泳，它一次可以横渡三至五公里的河面；它能模仿鹿鸣，将鹿引来以便捕杀；它还会“挂爪”，就是在某处留下自己的足迹，作为与同类或其他兽类联系的信号。民间有个广为流传的故事，说的是虎的这些本领其实是猫教的：

猫原本是丛林中本领最高的动物，老虎前来拜师，猫便将本领悉数传给了它，可是谁知老虎学成之后竟然与猫反目，打算将猫置之死地，幸亏猫当初长了个心眼，留了最后一手——没有教老虎上树，才躲到树上，逃过了一劫。

当然这只是个故事，不过在生活当中，它倒真的被不少当师傅的拿来引以为戒，不敢将看家本领传于徒弟，以防“教会徒弟，饿死师傅”。

◎ 山东潍坊泥老虎 边磊摄

虎的力与勇，为人所羡慕。古时候，人们称英勇善战的将士为“虎将”；称英雄好汉为“虎贲”；出兵作战之时，战士身穿虎纹衣服，刀剑上刻虎，兵车和战旗上也画虎。这些都反映了人类期冀通过与虎相类，来获得虎一样的能力的心理。

然而，虎与人终究不免一斗，且这场争斗很早就开始了。中国陕西蓝田公主岭曾出土虎化石——虎的上颌骨及不完整的下颌骨，在发现时，虎的上颌骨和蓝田人的头盖骨紧紧合在一起。正如明代刘伯温在《说虎》中所分析的，“虎之力，于人不啻倍也。虎利其爪牙，而人无之。”人在生理上的劣势决定了在距今至少一百万至两百多万年前的那场搏斗中，人死虎口。

然而人终究是高等智慧生物，“虎用力，人用智；虎自用其爪牙，而人用物”，数百万年来，人与虎的争斗从没有停止。而今，人类终于将虎这个威风凛凛的森林之王逼到了死角。

当下仅存的虎的五个亚种生存濒危。资料显示，印度目前尚存两千五百只左右的印度虎，并以每年四百只左右的速度迅速减少。在我国，东北虎和华南虎都被列为一级保护动物。1994 年，世界野生动物基金会已将东北虎列为世界十大濒临灭绝动物之首。据报道，全世界的野生东北虎总数少于两百五十只。野生华南虎的踪迹早已难寻，据 1998 年统计，中国二十多家动物园圈养的华南虎只有五十一只，而由于近亲交配、生存环境与野生环境相差太远、缺乏训练等原因，圈养的华南虎也大多身体孱弱。

2007 年底，一起“华南虎事件”轰动了整个中国。一个陕西农民自称在自家附近的山上拍到了一张野生华南虎的照片，并将它公之于众，围绕照片真伪和野生华南虎是否尚存的话题，国内掀起轩然大波。最终，权威人士经鉴定得出结论：照片是伪造的。这个结论几乎宣布野生华南虎已然绝迹，令人扼腕心痛。

说到这里，有一个误会必须澄清。人与虎的斗争局面当中，多数时候，自卫方不是人，而是虎。尽管人类“谈虎色变”，将虎视为极可怕的动物，但是老虎其实很少主动攻击人类，它们只有在食物短缺时才做出这样的举动。相反，是人类太过贪婪，试图获得虎皮、虎肉、虎骨，非置之于死地。更可悲的是，人类将老虎的家园据为己有，破坏殆尽，将老虎的猎物也一一捕杀，使其无处觅食。

值得深思的是，作为处于食物链顶端的一种动物，虎的存在其实表明了一种天然的生态平衡，而今，百兽之王的踉跄脚步是否又昭示着人类终将会由于毁坏家园而自食其果？

第四节 雄兔脚扑朔，雌兔眼迷离
——温婉如兔

兔，头部略像鼠，具有管状长耳，上嘴唇中间裂开，簇状短尾，有比前肢长得多的强健后腿。兔是哺乳纲兔形目动物的统称，有九属四十三种。从与人类关系的角度，大致可分为野兔和家兔两种，后者由前者进化而来。

◎ 西周时期铜兔尊 韩冰摄

根据考古学家发现的化石，兔的历史可以追溯到三千万至四千万年以前。至两百万年前，兔仍然在欧洲广泛地繁殖，但后来到了冰河时期，为了躲避严寒的天气，它们迁移到了欧洲西南部地区。公元前1100年左右，兔子被腓尼基商人首先在西班牙发现，后来他们将之运送到了世界各地。

中国人跟兔子打交道的历史由来已久。上世纪70年代，在北京周口店遗址发现了比北京猿人晚些、比山顶洞人早些的“新人”居住的“新洞”，新洞里的动物化石中就有野兔化石，洞里还有用火的痕迹，可以推断烧兔肉已是当时人们的美食之一。在殷商甲骨文中，有象形字“兔”；根据商代甲骨卜辞中记录，当时的狩猎对象有象、虎、鹿等九种，兔也在其中。

兔的价值在其肉及皮毛，也在其外貌体态。早在先秦孝成王时，中国已经有了园囿养兔，到西汉梁孝王时，还出现了专门的兔苑，这些兔都是专门供皇帝观赏的。而今，国内宠物店销售的兔有荷兰兔、荷兰垂耳兔、安哥拉兔、中国白兔等不少品种。

说到白兔，“小白兔，白又白，两只耳朵竖起来，爱吃萝卜和青菜，蹦蹦跳跳真可爱”，这首童谣我们每个人耳熟能详。雪白长耳的白兔温婉娴静，着实惹人喜欢。

其实，中国的家养白兔是明崇祯帝时由海外引进的。在明以前，白兔极少见到，正因如此，那时人们对白兔推崇备至，甚至想象兔子的寿命有千岁，只有活到五百岁的，皮毛才会变成白色。兔的出现，被视为帝王仁德的瑞兆，所以但凡有人发现白兔，便被当作宝物进献给朝廷。

白兔的眼睛是红色的，这一点令人印象深刻。究其原因，跟其体内的色素有关：体内含灰色素的兔，毛和眼睛便为灰色；含黑色素的兔，毛和眼睛便是黑色。不过白兔体内不含色素，它的眼睛其实是无色的，我们看到的红色是它眼球中毛细血管的颜色。

兔的雌雄较难辨别，所以古人对兔的性别曾有些荒谬的认识。如古希腊、古罗马和犹太学者认为兔不分雌雄，或者兼具雌雄两性；中国古人也曾认为只有月中玉兔是雄性的，天下的兔子都是看到月中兔而受孕。这些谬误的产生也在情理之中，因为雌雄两性兔子的生殖器外形区别并不太明显。

当然，错误的观念并没有持续太久。南北朝时的著名叙事诗《木兰辞》中有一句：“雄兔脚扑朔，雌兔眼迷离，双兔傍地走，安能辨我是雄雌”，说明那时兔分雌雄两性已是人们的常识。

温婉的兔子，有许多令人称道的优点，首先是跑得快，我们都听过“龟兔赛跑”的故事，其中的兔子明明稳操胜券，却“大意失荆州”。古代传说中有种仰面朝天飞的飞兔，也称飞鼠，大概是人们根据兔的特点幻想而来。《山海经》中提到了它：“天池山有兽如兔，鼠首，以其背飞，名飞兔。”分布在河南西部和山西南部地区的二里头遗址曾经出土过一件带有仰身兔图案的陶片，陶片中兔子在龙蛇上方，龙蛇是腾云驾雾的，因而可以推断这只兔大致就是飞兔。

◎《梧桐双兔图》清代冷枚绘

有趣的是，欧洲也有野兔仰面飞跑的故事，故事中野兔有八条腿，其中四条在背上，当它跑累了，就翻过来用背上的腿仰面朝天地跑，再跑累了，就再翻一下接着用身下的腿跑，这样它就能连续几天几夜地飞跑了。

因为兔子奔跑得很快，于是就有了动若脱兔、光阴脱兔等成语，而古人也喜欢用“兔”为爱马命名，如秦始皇的战马“白兔”和关羽胯下的“赤兔”。

兔是种机灵的动物，这一点猎人最清楚。野兔知道猎犬是依靠嗅觉追踪目标的，因而有绝妙的逃脱办法。比如它会向前奔跑较长距离之后，再沿原路返回奔跑一段，然后横向跃入草丛隐藏起来，猎狗却不知道，它会一直追踪到野兔曾到达的最远的地方。据说在打猎时，猎犬一看到野兔就会兴奋异常，不听猎人使唤，但常常劳碌半天无功而返。遇到这种情况，猎人也很无奈。

"聪明"有个同义词,那就是"狡猾"。有个成语叫"狡兔三窟",形容为保命而准备多个藏身之处,这的确是兔的习性之一。兔的巢穴是相通的,有多个出口。而猎人也利用兔的这个特点想出一个捕兔妙招,在一个洞口点火烟熏,在其他洞口等兔子自已跑出来,真可谓,再狡猾的兔子也逃不出猎人的猎枪。

在动物世界当中,食草而体格较小的兔处于劣势,所以,上述特点无疑是只为自保,但是弱小的兔子也有反抗的时候,所以人们常说"兔子急了还咬人呢"。

科学研究发现,兔也有表情语言——咕咕叫,代表兔子很不满意,正在生气;发出喷气声,代表兔子觉得某些东西或某些行动令它受到威胁;用脚尖站起,表示警觉或警告,它会保持这动作直到危险过去。

不过,兔也有友好表示——舔主人的手代表感谢;边跳跃边前后抽动尾巴表示调皮,告诉主人"你不会捉住我";把鼻子和身子靠近笼边,表示想要食物或放风;侧睡并把腿伸展,代表它们感到舒适和安全。

第五节 春分而登天,秋分而潜渊
——神龙莫测

龙与十二生肖中其他动物的最大不同,在于它只存在于人们的口耳之间。中国人通过集体想象,塑造出了龙的形象、龙的脾性乃至于龙的家族和家庭。

从古到今，龙是画家和文人笔下的爱物，虽未见过龙，但中国人对于它的相貌却有大致相同的一系列见解。

民间画龙时有“马首蛇尾”的说法，就是按照马头的样子来画龙头，按照蛇尾巴的样子来画龙尾，而宋朝罗愿则将龙的形象更为详细地归纳为“九似”：“角似鹿，头似驼，眼似兔，项似蛇，腹似蜃，鳞似鱼，爪似鹰，掌似虎，耳似牛。”不过据学者研究，中国文化中的龙形象并非一蹴而就，它的形成有个历史过程。

以龙角为例，商代以前的龙形象并没有角，由于商代人特别崇拜角，认为它象征权力和力量，觉得龙有角才更有神力，于是龙便“生”出角来。一开始龙角的形状还不固定，有的如长颈鹿角呈锥形，有的如绵羊角向后卷，也有的如花冠或者似羚羊角，还有前卷型、虎耳型、螺旋形等各种造型。到了汉代，出现了鹿形龙角。再往后，鹿角样式渐渐占据主流，龙角大致定型。

据专家考证，龙形象的基本成型是在秦汉时期，不过后世仍有微调。如元以前的龙形象基本是三爪的，有时前两足为三爪而后两足为四爪，明代流行四爪龙，清代则是五爪龙居多。

◎ 布艺龙

在中国商、周、战国时期的青铜器上，我们能看到不同形态的龙，这是因为在中国古人的想象当中，龙跟其他真正存在的动物一样，既分不同种类，也因成长时期不同而呈现出不同的体态习性。

许多古籍中都提到过不同种类的龙。如《广雅》云："有鳞曰蛟龙，有翼曰应龙，有角曰虬龙，无角曰螭龙。"《方言》曰："龙未升天曰蟠龙。"

相传蛟是种能发洪水的有鳞的龙，它得水即能兴云作雾，腾跃天空。宋代的《墨客挥犀》将其描述得更为具体："蛟之状如蛇，其首如虎，长者至数丈，多居于溪潭石穴下，声如牛鸣。"

◎ 曲阜孔庙的龙石雕

有翼的龙称应龙，《述异记》记述："龙五百年为角龙，千年为应龙"，可见应龙为龙中之精。

虬龙是传说中一种有角的龙，《楚辞·天问》有："焉有虬龙，负熊以游？"

螭龙是无角的龙，《汉书·司马相如传》中也有"赤螭，雌龙也"的注释，出土的战国玉佩上则有龙螭合体的雕刻图案，意为雌雄交尾。

蟠龙是蛰伏在地尚未升天之龙，呈盘曲环绕状。我国古代建筑中，盘绕在柱上和装饰在梁上、天花板上的龙一般称为蟠龙。此外，龙的家族还有虺、夔等种类。

汉《说文》云："龙，鳞虫之长。能幽能明，能细能巨，能短能长，春分而登天，秋分而潜渊。"《三国演义》中，曹操煮酒论英雄时曰："龙能大能小，能升能隐；大则兴云吐雾，小则隐介藏形；升则飞腾于宇宙之间，隐则潜伏于波涛之内。"根据唐代志怪小说《集异记》，龙在缩小时像琴弦那样细，被人发现后，又电闪雷鸣，破天而去。升则起于天空，隐则介乎无形，龙有如此气魄，如此能力，怎能不让人心生羡慕！

除了家族，龙也有家庭。先说龙子。民间有“龙生九子”的说法，清高士奇《天禄识余·龙种》载：

◎ 龙子赑屃

“俗传龙子九种，各有所好，一曰赑屃（bì xì），形似龟，好负重，今石碑下龟趺是也；二曰螭吻（chī wěn），形似曾，性好望，今屋上兽头是也；三曰蒲牢，形似龙而小，性好叫吼，今钟上级星也；四曰狴犴（bì'àn），似虎有威力，故立于狱门；五曰饕餮（tāo tiè）好饮食，故立于鼎盖；六曰蚣蝮（bā xià），性好水，故立于桥柱；七曰睚眦（yá zì），性好杀，故立于刀环；八曰金猊（jī ní），形似狮，似好烟火，故立于香炉；九曰椒图，形似螺蚌，性好闭，故立于门铺。”

九子脾性不同，各有爱好，可惜都不成龙。

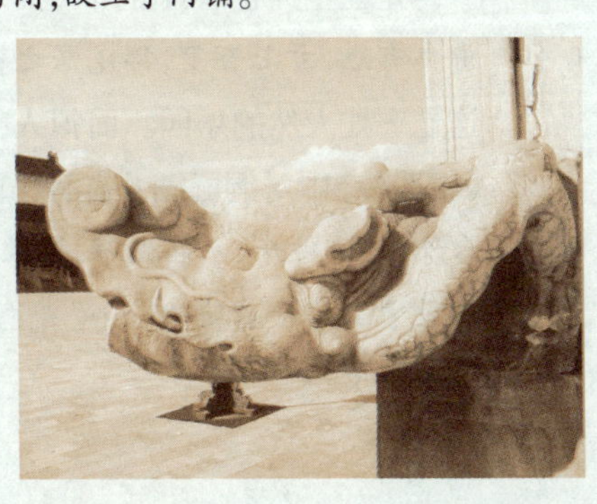

◎ 龙子蚣蝮

再说龙母，传说浙江温州有位姑娘将石头吞入肚中，生下小龙。小龙一边游入大海，还一边回头张望母亲，于是温州就有了一个“望娘汇”，江边还有一座龙母

◎ 龙子椒图

庙。唐代传奇小说《柳毅传》中则提到了龙女，这里的龙女是龙被拟人化后的产物。她本是洞庭龙王的女儿，被嫁与泾河龙王之子，因夫家虐待做苦工，被主人公柳毅搭救，后与柳毅结成连理。

说到这里，自然要讲一下龙王。据说凡是有水的地方，不论是江河湖海，还是池井潭渊，都有各自的龙王。佛教经典《大云请雨经》上说，共有一百八十五位龙王，都是兴风致雨之神。《西游记》中有四海龙王：东海，沧宁德王敖广；南海，赤安洪圣济王敖闰；西海，素清润王敖钦；北海，浣旬泽王敖顺。

其实，原本中国人的观念中只有龙这种神兽，而没有龙王这个神灵，龙王观念是随佛教传入而进入中国的，后来道教也把它纳入其中。在佛教和道教的共同影响之下，民间才渐渐认可了它。再后来，宋徽宗亲自给天下五龙神封了王位，龙王在人们心目的地位便更加稳固了。

龙在世间也有其处所，《括地图》曰：“龙池之山，四方高，中央有池，方七百里，群龙居之；多五花树，群龙食之。”可见，这是一处天然的乐园。而拟人化后的龙的住所就华丽多了，《柳毅传》中对洞庭湖龙宫有一段描述：“白壁为殿柱，青玉为台阶，珊瑚做床，水晶做帘，翠绿色门楣上镶嵌着琉璃，彩虹般的屋梁上装饰着琥珀……”龙宫真比皇帝的宫殿还要有过之而无不及。

第六节 鬼转雷车响，蛇腾电策光
——金蛇狂舞

蛇，是无足的爬虫类冷血动物的总称。它身体细长，四肢退化，所以才有“画蛇添足”这一成语。

蛇在地球上出现的年代非常早，大概在距今一亿五千万年前的侏罗纪。发展至今，它已成为一个拥有约三千个种类的庞大家族，广布于除南北极、新西兰、夏威夷、亚述尔群岛等地之外的世界各地。

蛇分无毒蛇和有毒蛇两种，后者占蛇全部种类的四分之一，它出现的年代比无毒蛇晚得多，至早是在两千七百万年前。

◎ 木雕蛇

不同种类的蛇外形差异很大。分布在加勒比群岛的马丁尼亚、巴巴多斯等岛上的线蛇，是世界上最短的无毒蛇，只有 9 厘米长，最长的线蛇王也不过 11. 94 厘米。分布在东南亚、印尼和菲律宾一带的网蛇，一般都超过 6. 25 米，最长的可达 10 米左右。

与龙相似，蛇亦是一种神秘莫测的动物，但与前者不同的是，蛇的莫测是看得见、摸得着的。无论在山上、树林、草原、田野，还是水中，人们均能发现蛇的身影，蛇给人留下了无处不在的印象。其实，这是因为种类繁多的蛇早已适应了不同的生存环境。

在温润潮热的地方，蛇类尤其多，所以中国闽南一代自古蛇多，福建省的简称“闽”，其字形便是在门里供奉一条蝮蛇。

仅仅多见倒是不怕的，关键是蛇对人也并不友善。蛇虽然一般不会主动对人进攻，但若你不小心触到它的身躯——在山野树林等处，触到它又是极为可能的，因为它往往藏在隐蔽处——它便会马上本能地回头咬你一口。特别是毒蛇，有的种类咬人一口，伤者立即毙命，所以人类不能不“谈蛇色变”。

据说早时中国人曾以“无它乎”为见面问候语，“它”便指蛇，人们见面就互相问道：“昨晚遇到蛇了吗？身体没有什么伤痛吧？今天可以劳动吗？”可见蛇给古人造成了多大的困扰。而《韩非子·五蠹》中也讲到“**上古之世，人民少而禽兽众，人民不胜禽兽虫蛇**”。

◎ 剪纸蛇

蛇有不少令人费解之处，比如它能一口吞下比自己大得多的动物。蛇平时喜欢捕捉青蛙、老鼠等小型动物为食，但也曾有过蟒蛇袭击并吞食美洲虎的记录。蛇的进食方式也很特别，它并非一口一口循序渐进，而是不管猎物有多大，一律张开血盆大口，整个将其吞下去，再在腹中慢慢消化。

远古时代，“蛇能吞象”的神话广

为流传。据《山海经》中记载，这种能吞大象的蛇叫巴蛇，它在吞进大象三年之后才会吐出象的骨头。有趣的是，宋人在《尔雅翼》中解释道，“巴”字其实就是指吃了大象的蛇，因为“巳”是古代蛇的一种写法，而“巴”比“巳”多出的那一横便是吞入蛇腹的那头象了。蛇的上述特点，被古人定义为“贪婪”，所以才有了“人心不足蛇吞象”的说法。

在人的印象当中，蛇不仅是贪婪的，也是狡猾的、冷血的。《农夫与蛇》的寓言，讲的是好心的农夫温暖了冻僵的蛇，蛇却在苏醒之后将农夫咬死的故事。这个寓言告诫人们不要对蛇及“蛇蝎心肠”的人抱有怜悯之心。总之，蛇在人的心目中，似乎代表着邪恶。

这固然有“欲加之罪，何患无辞”的成分，不过蛇的习性当中也确实有阴暗之处，比如记仇。蛇的记忆力很好，它能准确地认出曾经伤害过它的人，多年以后还会伺机进行报复。

蛇类当然并非一无是处。相传三国时期曹丕的妻子甄后仿照蛇的盘绕姿态做成了一种名叫“灵蛇髻”的发型，巧夺天工，每日不同。而清代施鸿保在《闽杂记》中说，福州郊外的农妇头戴一种名叫“蛇簪”的银饰，它长五寸许，形状作成蛇昂首的样子，为农妇平添了几许美丽。

◎ 中国台湾地区排湾族蛇纹木壶 王欣摄

在南亚不少国家，有着上千年的舞蛇传统，今天仍在延续。舞蛇者把含有剧毒的毒蛇缠绕在自己的身上，蛇似乎听得懂音乐，能伴随着笛子发出的乐声翩翩起舞，舞得如痴如醉，这场景神奇而引人入胜。中国音乐家聂耳也曾创作了一支民族乐曲《金蛇狂舞》，它旋律昂扬、锣鼓铿锵，宛如一群金蛇热烈起舞，气氛欢腾。

不过，需要说明的是，蛇并非天生的音乐舞蹈家，它其实是听力障碍者。所谓闻乐起舞，实际是耍蛇人演奏笛箫，笛箫下端吹出的气流刺激了蛇，蛇在气流的刺激下才扭动起来。

蛇虽无足，却游走神速，它是依赖身上的鳞片与地面的摩擦力前行。蛇类蜿蜒盘旋和迅捷的行动姿态给了军事家很多启示，孙子认为，善于用兵者应学习“常山之蛇”，“击其首则尾至，击其尾则首至，击其中身则首尾俱至”。古时有长蛇阵，也正是模仿蛇的身形与动作而成。

蛇给人类带来的实际价值也有不少。蛇浑身都是宝，且药用价值很高。

据李时珍《本草纲目》记载，“蛇胆性凉，能去火治疮”，对治疗失眠、关节炎、咳嗽等症状都有效。蛇毒可以止血，蛇毒制成的血清是治疗毒蛇咬伤的特效药，有些蛇毒还有镇痛作用。蛇蜕下的皮叫“蛇蜕”，可入药治惊风、抽搐、癫痫。而白花蛇泡酒可治半身不遂。

此外，蟒蛇的皮蒙在胡琴、三弦等乐器的共鸣箱上，可为乐器增添美妙的泛音。蛇肉的味道鲜美，广东料理中，它被作为许多菜肴的原料，如“龙虎斗”就是用蛇肉和猫肉做成的。

古往今来，靠养蛇和捕蛇为生的人不在少数。而时至今日，由于生态环境的破坏和人类的乱捕滥杀，蛇的某些品种已经陷入濒危状态。

第七节 曾经伯乐识长鸣，不似龙行不敢行
——马当先

马，属哺乳纲马科动物，食草，是被人类驯化的少数几种大型动物之一。《说文解字》曰："马，怒也，武也。"从中可见马于本性之中的勇猛刚健，然而，一旦被套上辔头，它又成了人类最忠实温顺的伙伴。

世界上的马有三百多个品种，其中最著名的三个品系是汗血马、纯血马和阿拉伯马。

汗血马因其在奔跑时所流的汗水呈鲜红色而得名。汗血马是最纯的马种，阿拉伯马和英国马都有它的血统和基因。它体型饱满优美，头细颈高，四肢修长，皮薄毛细，步伐优雅，体态灵活。我国马史专家认为，汗血马其实就是现在还奔跑在土库曼斯坦的阿哈尔捷金马。这种马在平地上跑一千米仅需要一分零七秒，速度之快令人惊叹。

◎ 马双全摄

纯血马是世界上速度最快、身体结构最好的马，它勇敢、敏感、个性倔强，血统为热血，是赛马的最佳品种。

阿拉伯马是地球上最古老的马种，是纯血马的祖先。它虽奔跑速度不如纯血马，但有极大的耐力和高雅的气质。阿拉伯母马在接近敌人战马时不会嘶鸣，不会暴露目标，在战斗中冲锋陷阵，英勇无畏，有着迅捷的速度和持久的耐力，因此成为战马的上选。当地球上结束了以马代步的迁徙和战争时代后，人类用阿拉伯马优秀的血统培育出了各种适用于现代赛马、马术和休闲娱乐的马种。

中国的马主要有蒙古马和中原马两种。蒙古马身躯粗壮，四肢坚实有力，虽其貌不扬，却耐力极强，经过调驯的蒙古马，在战场上不惊不乍，勇猛无比，蒙古人甚为喜爱，也正是它，使蒙古族成为世界上赫赫有名的“马背上的民族”。

◎ 陕西省汉景帝阳陵出土的彩绘陶马 韩冰摄

与其他家畜相比，马被驯化的时间较晚，约在五六千年前。世界上最早驯化马的民族大概是西伯利亚的北方游牧民族。中国人与马打交道的历史也比较悠久，山东章丘龙山镇城子崖遗址出土的马的遗骸表明，自四千多年前的父系氏族公社时期，中国人就开始了养马和驯马。

马由野马进化而来，它保留了祖先许多敏锐的天性。

马的嗅觉很发达，它能靠嗅觉区分主人和陌生人；根据粪便的气味，它可以找寻同伴，避开猛兽和天敌；在嗅到生疏或危险的信息时，它会发出短促的喷鼻声以示警备，并把这一信息通知同伴；马能利用嗅觉去摄食体内短缺的营养物质，并能在草原上辨别有毒植物或牧草，所以它很少误食毒草，还能鉴别受污染的水和饲料并拒绝食用。

老马识途的本领，依赖的也是马的嗅觉。在沙漠中行走时，马还能辨别大气中微量的水汽，借以寻觅几里以外的水源和草地。

马的听觉也很好。马耳位于头的最高点，耳翼大，耳肌发达，动作灵敏，旋转变动角度大，它无须改变体位和转动头部，仅靠耳郭的运动就能判断声源方向。马对音响和音调的感受能力超过人，群牧马能根据叫声寻找自己的群体和传达信息。夜间放牧时，马能听到人所不能听到的远处声音，并对声音做出判断。

人类利用马的听力来对其进行调教使役。通过训练，马能顺利接收卧倒、站立、静立、注意、前进、后退等口令，也能分辨出主人在唤其名字。

唐时，观赏舞马曾是备受人们喜爱的一种活动。舞马似乎懂得韵律，这其实是人利用马对声音的敏锐反应调教得来的。据说唐玄宗时，每年都会举行舞马大典。这些舞马被金银珠宝装饰得非常华丽，它们训练有素，当音乐响起时，随着节律奋蹄鼓尾，欢腾跳跃。

马还有一个特别的习性——站着睡觉，这也是从它的祖先野马那里继承而来的。在弱肉强食的动物世界中，野马唯一躲避敌害的本领就是奔跑，所以它时时刻刻保持警觉，连睡觉时都不敢松懈，它不会无忧无虑地卧地而睡，而只能站着打盹儿。

马的上述特性及其非凡的脚力，使其得到了人类的重视。长期与马朝夕相处，中国人对马的分类非常细致：骒（kè）是母马，驹是小马，骥（jì）是老马，骟（shàn）是丧失生育能力的马；骁（xiāo）是强壮的马，驽（nú）是跑不快的马；骠（biāo）是黄色的马，骝（liú）是黑鬃黑尾的红色马，骃（yīn）是浅黑带白色的马，骅(huá)是枣红色的马，骊(lí)是黑色的马。

早在殷代，我国已开始设立马政，这是世界上最早的马政。周代则将马分为六类，即种马(交配用)、戎马(军用)、齐马(仪仗用)、道马(驿用)、田马(狩猎用)、驽马(杂役用)。六种马都对人类社会的发展做出了贡献，但在其中最扬眉吐气的，恐怕还要数戎马。

在枪炮等火器发明之前，马所组成的车骑部队一直是最具威慑力的军事力量。古语说"**旗开得胜，马到成功**"，强调的就是马在古代战争中的重要作用。有关马的成语也多与战争有关，如招兵买马、千军万马、厉兵秣马、金戈铁马、鞍前马后、马革裹尸、汗马功劳等。

◎ 成吉思汗骑马出征铜像 高学博摄

战国时，人们曾用马拉战车的数量来形容国力盛衰，以"万乘之国"为一等军事强国，"千乘之国"为二等军事强国。

所谓"宝马配英雄"，马陪主人出生入死，自然也是英雄的心头爱物。古代不少皇帝都是在马上得天下的，如秦始皇有追风、白兔、神凫等七匹器重的战马，唐太宗的爱马被雕刻在其陵墓中的石碑上，以便死后相伴，人称"昭陵六骏"。此外，史上留名的宝马还有项羽的"乌骓"、关公的"赤兔"、刘备的"的卢"等。

如今，骑马作战的时代已经过去，马也基本退出了农耕民族的日常生活，但是，在游牧民族的生活和生产中，马仍是常见的交通和运输工具。

蒙古人自小便被扶上马背学习骑马，他们自然练就了高超的骑术。在平常放牧时，如果几个人碰在一起，就会跑上几千米，比比谁的骑技高，谁的马儿快。在蒙古族一年一度的那达慕大会上，赛马更是与射箭、摔跤一起，成为必定举行的三项竞赛活动，夺得赛马第一名的人和他的马都会受到人们的青睐和称赞。

今天，在奥林匹克运动的马术赛场上，我们也能见到马的身影，来自世界各地的选手号令马儿表演各种难度动作，马儿辗转腾挪，优雅至极。

◎ 内蒙古草原上的儿童赛马

中国以牧业为主的少数民族，如藏族、蒙古族、哈萨克族等也喜欢马术。一些马上高手的技巧相当高超，能够在马上做倒立、空翻、转体等动作，也能够在马上射击、射箭等。在藏族的马术活动中，还有跑马捡哈达的表演。

第八节 善群、好仁、死义、知礼
——羔羊之义

羊，是一种温和安静的动物。每值羊年，中国人就喜欢说一句“羊致清和”来应景，意思是羊年会是清静祥和之年。

中国的象形字“羊”大概是根据山羊的模样创造出来的，它省略了羊的腰身和四肢，突出了羊长长的弯角和骸下的一抹胡须，形象夸张而鲜明。

羊属于哺乳纲偶蹄目牛科动物。它分许多种，如绵羊、山羊、羚羊、黄羊、青羊、盘羊、岩羊等，最常见的是前两种，它们为家畜，其他种类都是野生的。

世界上的绵羊有两百多种，在我国分布最多的品种是蒙古羊，它肉质好，毛质粗，适应性强。

◎ 山羊头画

人类与羊打交道的历史已有上万年。旧石器时代的原始岩画中，已有原始人追捕野生羊群的图案，它反映了当时人们真实的狩猎场景。狩猎而来的羊若吃不完，原始人就会把剩下的羊圈养起来，就这样，野生羊渐渐被驯养成家畜。羊是除狗之外人类最早驯养的动物，山羊被驯化的时间大概在一万年前，大概又过了近千年，绵羊被驯化。

中国是世界上较早驯养羊的国家之一，根据考古证实，中国的养羊历史可以追溯到八千年前，宁夏中卫市钻洞子沟的“一人牧三羊”岩画，表现了原始先民驯养羊的场景。

夏商周三代，养羊已有规模，这在古代诗歌中有所反映。《诗经·小雅·无羊》中有句“谁谓尔无羊？三百维群”，意思是说，谁说你家没有羊？三百只一群真排场。它说明当时奴隶主养羊已有规模。由于与羊接触频繁，古人对羊的认识比较深入，他们会按照羊的大小、公母、色泽、体型乃至阉割与否分别给予其称谓，不过如今，这些称谓大多已经失传了。

古人心目中，羊是一种美好的动物。《说文解字》曰："美，甘也，从羊，从大。"也就是说，美字由羊引申而来，羊肉的味道甘美，所以"羊大为美"。

然而，后世学者对此提出了质疑。现代文字学家李孝定先生在《甲骨文字集释》中对"美"如此解释："疑象人饰羊首之形。"他认为原始人以戴上羊角形头饰为美，"美"字源自视觉。到底是"羊大为美"还是"羊人为美"，至今还没有定论，不过羊是美的，这点毋庸置疑。

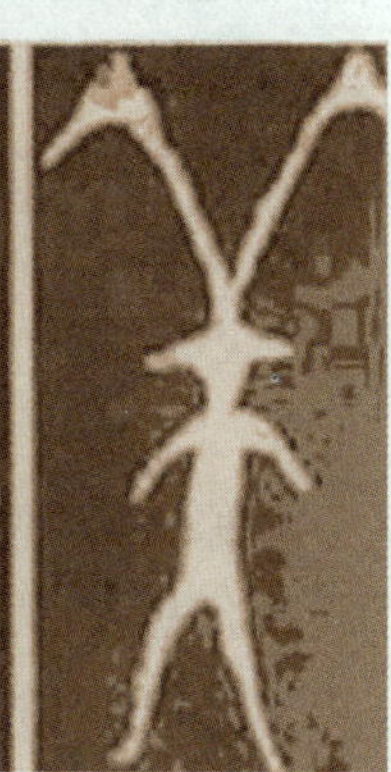

◎ 西周早期青铜器铭文拓本中的"美"字

羊的美好之处，首先在于它是人的衣食之源。古书说"羊在六畜主给膳"，六畜是指"马牛羊，鸡犬豕"这六种人类饲养的家畜。今天，中国人饭桌上最常见的肉类是猪肉，但在古代却是羊肉。

据记载，宋神宗熙宁十年(1077 年)，为皇帝做饭的御膳房共用羊肉十多万公斤，而猪肉却只有两千多公斤。中国是美食大国，中国人想出了各种炮制羊肉的办法，煎、炸、蒸、焖、涮一应俱全，至今，各地仍有一些以羊肉为主料的名吃，如陕西的羊肉泡馍、新疆的烤全羊、内蒙古的手把羊肉等。

羊也是御寒衣物的来源，羊皮可以制皮袍，羊毛可以织成毛布。根据考古资料，早在三千八百多年前的青铜时代，人们就已开始将羊皮羊毛用于服装制作了，而真正的羊皮衣物出现在距今三千至两千年间。至今，羊皮、羊毛、羊绒制品仍然备受青睐。

羊因品德出众,被古人封为“德畜”。古人在饲养羊的过程中,发现它性情温顺,举止有谦谦君子之风。羊的美好品德主要被归纳为四点:善群、好仁、死义、知礼。

善群,是说羊在群居生活中善于相处。无论是舍饲,还是放养,羊都喜欢聚成一群,并且由一只年龄大、后代多、身强力壮的母羊担任头羊。羊群在头羊的带领下,一起活动,和平共处。人与羊同是群居动物,然而人群往往不能像羊群这般和谐,总有些大大小小的人际矛盾存在,所以羊“善群”的品质受到人的推崇。

好仁,是说羊很善良。山羊头上有角,但并不好斗,它们不会轻易使用头上的角,所以古人认为羊很善良。

死义,是说羊在被宰杀的时候非常安静,而不像其他动物那般嚎叫挣扎,这与英雄“视死如归”的精神很相似。中国古代有个“以羊易牛”的故事,春秋时期的齐宣王有一次在庙堂里看到即将被宰杀的牛瑟瑟发抖,很不忍心,就令下人用羊来代替牛作祭品。故事的原意是说齐宣王很仁慈,但我们加以分析便会想到:羊与牛一样是生命,为什么齐宣王就忍心羊被宰杀呢?大概就是因为羊在赴死时镇定从容吧。

知礼,是说羊懂礼貌,知恩图报。小羊羔在吃奶时,总是以前腿下跪的姿势。跪在中国文化中表示尊重和感恩,因而人们便以此来解释羊的行为,认为它尊重母亲。

过去河南南部地区有“送羊”的习俗,在每年农历六七月间,外祖父或舅舅给小外甥送羊。早先是送活羊,后来演变为用面蒸制的羊,有人说这种习俗的含义是通过“羊羔跪乳”的说法来教育孩子孝敬长辈。不过关于这个习俗也有另外一个解释,故事的主人公是《宝莲灯》的主角沉香,据说沉香在救出母亲之后，很生舅舅二郎神的气，二郎神为了跟妹妹、外甥和好，每年送一对羊给外甥赔礼，从此人间也形成了送羊的习俗。

正因羊为“德畜”，所以古人用“羔羊之义”来称赞清廉正直、品德高尚的官吏，并且君子上朝时要穿羊裘，也就是羔羊皮革制成的衣服，象征他拥有羔羊一样的美德。

第九节 抱叶玄猿啸，衔花翡翠来
——申猴性灵

猴，属灵长类动物。灵长类是自然界中最高级的动物。地球上的灵长类动物不过有三种：人、猿和猴。无尾的是猿，有尾的是猴，因为两者关系非常密切，人们一般不严格区分它们，统称“猿猴”。

猿猴的种类众多，迄今为止，全世界已发现有六百多个品种。它们属于不同的进化等级，比较低等的有亚洲的懒猴、非洲的婴猴等；中等进化的猴有亚洲的杂食猴子、非洲的各类卷尾猴等；高等猴类有各种长臂猿等。

不同种类的猿猴形态差异非常大，小的猴类只有十厘米高，体重只有四十至一百四十克，如鼠狐猴；而大型猿猴，如大猩猩，雄性身高能达到一百八十厘米，体重达三百五十千克。

中国猿猴的种类占世界总种类的百分之十，从最原始的类型到最高级的类型都有，如懒猴、猕猴、叶猴、丝猴、长臂猿等。其中,产于四川、云南、贵州等省的金丝猴是中国的特产动物,是和大熊猫齐名的国宝。

中国分布最广的猴类是猕猴,中国人最熟悉的猴子也是它,因为我们不仅能在动物园和马戏团见到它,而且在年画、文学作品中也常能见到它的身影,《西游记》中的孙悟空形象就是以猕猴为原型的。

猴虽是一种野生动物,但中国人对它并不陌生。古人说:"猴,候也。""候"的意思是伺望、观察。猿猴生性聪明警觉,善于识别猎手的诱饵,发现食物后并不轻易去取,而是观望探察良久,感到确实没有埋伏方才行动,所以古人干脆就用"候"的谐音字"猴"来为之命名了。

◎ 剪纸猴

猴的聪明,尽人皆知,那么它究竟聪明到何种程度?1988 年 12 月 23 日的《人民日报》海外版有这样一则消息:

安徽利辛县胡集乡有一只猴被人们称为"神猴",它可以分辨汉、俄、英三种语言,会算加减乘除,准确率达到 90% 以上,并且它能表演精彩的杂技节目,真令人难以置信。

民间故事中,也常有猴利用智慧战胜对手的情节。猴虽聪明,却终究不及人,成语"朝三暮四"就源自中国古代哲学家庄子讲的一个有关猴子的故事:

一个养猴人给猴子发放食物前,跟猴子商量发放的办法可否为"朝三而暮四"。意思是早晨发三颗橡子,晚上发四颗。猴子听了表示反对,于是养猴人改口说:"那早晨四颗,晚上三颗,总可以了吧?"猴子们听了非常满意。

成语的原意是讽刺常常变卦的养猴人，但从中可见猴的智慧毕竟是有限的。

猴类憨态可掬，恰似人的童年时期。它们虽然聪明，性情却有些毛躁，所以有“猴子偷桃——毛手毛脚”“猴子唱戏——想起一出是一出”“猴子偷瓜——连滚带爬”，以及“心猿意马”等俗语、成语。

◎ 大圣脸谱

就连齐天大圣孙悟空这位战天斗地、伸张正义的英雄，也身为猴类，难舍猴性。它性情急躁，自由散漫，不服管束，不过这些特点使得孙大圣更加平易近人，讨人喜爱了。

猴的形态举止颇似人类，加之它们天性顽皮，喜欢模仿人的动作，在此基础上加以规训，它们便可表演“猴戏”。

在汉代，有专门为宫廷贵族表演的“百戏”，其中就有猴子的表演。唐朝时也有几位皇帝特别爱看猴戏，其中唐昭宗竟然因为喜爱一只猴子的表演，将四五品官员的服饰赐给它穿，如此浩荡皇恩，让当时的文人都很嫉妒。五代时有一个叫杨于广的人，耍猴特别有名，他驯养的猴子不仅能模仿人的动作，而且能根据情节需要做出惶恐等表情。

宋朝起，猴戏开始走入民间，成为老百姓的娱乐对象。过去，在街头巷尾常能见到民间艺人耍猴。他们一般二人结伴，一人牵羊或狗，一人背个小木箱，上面蹲坐着一只穿红布褂的猴子。他们边走边敲锣招揽看客，找一块街头闲地，钉上一个大木橛子，便开始表演了。猴子能够翻跟头、拿大顶、戴鬼脸、穿衣服、爬竿、向人行礼等等。今天这种场景已经少见。

我们在嘲笑一个人害臊时，有时会说“看你脸红得跟猴屁股似的”。按照科学原理解释，猴屁股这个地方的皮肤叫作“性皮”，由于长期摩擦，毛发减少，皮肤裸露，至发情期，由于血液循环加速，公猴的此处和面颊处都会呈现红色，母猴看到后，也会发情。

而民间故事也以自己的方式解释了这一现象的缘由，研究民间故事的专家将这类故事归纳为“猴娃娘”型。

老猴精将村里的姑娘拐走为其生儿育女，后来姑娘的家人发现并将她救回家中。猴精到村里来索要媳妇，不料村里人早已设好圈套，将猴子常坐的石碾烧热，猴子中计，一屁股坐在上面，屁股被烫得通红并且掉了毛，此后就一直是这个样子了。

还有一个故事说明猴与人一样，也有着刻骨的亲情，甚至有时比人类更甚。

南朝《世说新语》讲，公元346年，晋将桓温率军上溯长江攻打蜀国，船进入三峡时，部将捉到一只小猿放到船上，母猿看到后心急如焚，沿岸奔跑，奋不顾身，跟着船队跑了一百多里，在巫峡时竭尽全力跳到船上气绝身亡，剖开母猿，见其肝与肠已经因为哀痛而断成一寸一寸，成语“肝肠寸断”便是由此而来。

猴与人的相似，已无须证明，但是真让人接受猴与人的亲缘关系，还是有些难度。一百五十多年前，达尔文提出人的祖先是猿猴，引起当时社会一片哗然，这一观点甚至被认为是异端邪说。但是，越来越多的古代猿人化石被发现后，在证据面前，猴为人祖已是人类的共识，而运用高科技的基因技术对人和各种动物的基因进行测序，结果也证明：猿猴是跟人类亲缘关系最近的动物，而猿猴当中，又数黑猩猩的基因跟人最接近，只相差2.4%。

第十节 文武勇仁信
——鸡有五德

鸡,属于鸟纲雉科,其远祖是古代原鸡。古原鸡的后代大体分为三支:一支经人类驯养,成为我们现在常见的家鸡;一支经过遗传变异,成为今天生活在山林中的雉,也就是野鸡;一支则变化不大,称现代原鸡,我国云南、广西、海南仍有分布。

鸡成为人类的伙伴,已经有上万年的历史。关于养鸡的最早历史记录是在公元前8000年的越南。中国也是世界上最早养鸡的国家之一,河北武安县磁山村一处距今八千年的新石器时代遗址中,曾出土许多鸡骨,说明在那时候,我们的祖先已经懂得吃鸡,至于那些鸡是家禽还是野鸡,尚且不能断定。而距今四五千年的山西底庙沟也曾出土鸡骨,经学者鉴定,这时候的鸡已是完全的家禽了。

鸡对于人类的功德,当然首先在于它肉美可食,还具有补虚损、益脏、健脾胃、强筋骨等功效。春秋战国时期,出现了我国最早的养鸡场"鸡坡"。古时候还有座"鸡山",据说越王勾践为了讨伐吴国,曾在这个地方大规模养鸡来为士兵提供食物。

鸡在中国的饮食文化中占有重要地位。俗语说:"无鸡不成宴",倘若筵席上没有鸡,便是主人失了礼数。根据《左传》

记载，一个人官位至卿大夫时，伙食标准可以达到每天吃两只鸡。在古代，普通老百姓自然没有这等幸运，吃鸡对他们来说只能是偶尔为之的事，但是倘若贵客临门，便一定要杀鸡款待，所以，大诗人孟浩然才专门在《过故人庄》中提到“故人具鸡黍，邀我至田家”，以示朋友招待之隆重。

◎ 鸡

中国人深感鸡的美味，对其进行精心饲养，很早的时候就培育出了不少优良品种。宋代《埤雅・鸡》中说：“鸡有蜀、荆、越诸种，越鸡小，蜀鸡大，鲁鸡又其大者。”早在汉朝，已有地方鸡品牌出现，比如符离鸡。在徐州狮子山汉代楚王墓里象征厨房的耳室中，出土了很多鸡骨，中间还有一方泥印，上有“符离丞印”字样。

时至今日，肉食鸡也常用出产地来命名，如上海浦东鸡、江苏狼山鸡、辽宁大骨鸡、山东寿光鸡、浙江萧山鸡等，它们都是鸡家族中的优良品种。

古人对于鸡的了解，并未局限于它的美味。在与鸡相处的过程中，人们也发现了它的一些习性近似于君子美德，《韩诗外传》将其归纳为五点：“头戴冠者，文也；足搏距者，武也；敌在前敢斗者，勇也；见食相呼者，仁也；守夜不失时者，信也。”

古人对冠非常重视，孔子的学生子路曾说“君子死而冠不免”，意思是说，即便面对死亡时，君子也不能不顾礼法，要保证自己的帽子戴得端正。冠象征的是仪礼和身份，古时官帽，文为冠，武为盔。公鸡天生头戴红色肉冠，给人以仪态大方的感觉，是为文德。

◎ 剪纸鸡

武德和勇德有接近之处。由于性激素的刺激作用，雄鸡有争强好斗的个性，而它又有天生的进攻武器：一是喙，在争斗过程中可以用于啄伤敌手；二是腿后有一个突出如脚趾的地方，被称为距，在争斗过程中可以刺伤敌手。故而，雄鸡往往被比作勇猛之士。

《诗经·风雨》中有“**风雨如晦，鸡鸣不已**”的诗句，后来它被引申为形容在风雨飘摇、动乱黑暗的年代，有勇气和正义感的君子还是坚持操守，为理想而斗争。

雄鸡好斗的性格早就被人发现并加以利用了。据说早在夏朝时，中国就有斗鸡活动，而至春秋战国时期，已非常普及。

根据《战国策·齐策》，当时临淄七万户市民无不斗鸡。汉代石刻和画像砖上也常见形象逼真的斗鸡图。三国时期的魏明帝非常喜欢斗鸡，并筑有斗鸡台。而唐朝时的风流天子唐玄宗更是斗鸡的狂热爱好者，他登基后在宫中专门建造了鸡坊，饲养优良品种的鸡千余只，选六军小儿五百人驯养这些鸡。

成语“呆若木鸡”现在用来形容一个人痴傻的模样，但在原故事中，呆头呆脑、纹丝不动的“木鸡”恰是斗鸡中最有战斗力的，令那些活蹦乱跳、骄态毕露的鸡见之丧胆。

鸡的第四德，是仁德。“仁”是中国古代文人学士最推崇的一种品德，也是儒家治国平天下的最高准则。那么怎样做才算“仁”？孔子曰：“**仁者，爱人**”，也就是关爱他人。鸡有一种习性，在见到食物后不会自己独吞，而是呼唤同伴来一同啄

◎ 草编工艺鸡 刘昌翠摄

食，这被古人视为“仁”的表现。

鸡的第五德，是信德。雄鸡一年三百六十五天，天天早晨啼鸣报晓，从不懈怠。这满足了没有钟表的古代人把握时间的需求。由此，雄鸡又得到不少别称，如司晨、烛夜、知时畜、常鸣都尉等。

古时鸡啼与人们生活的关系反映在很多文学作品中，唐朝书法家颜真卿曾作一首《劝学》，其中写道：“三更灯火五更鸡，正是男儿读书时。”《诗经》中的齐国民歌《鸡鸣》，表现了鸡叫时分的国君夫妻对话：“鸡既鸣矣，朝既盈矣。”“匪鸡则鸣，苍蝇之声。”国君的妻子说：“鸡已经叫了，上朝的人都来齐了。”国君却想赖床不起，便说：“那不是鸡叫，是苍蝇嗡嗡的叫声。”

古代还有祖逖“闻鸡起舞”，立志报效祖国的故事，而战国时齐国孟尝君能顺利逃出函谷关，也是靠其门客学鸡啼叫，才骗开城门的。不过《半夜鸡叫》中的老地主周扒皮就不那么走运了，他学鸡叫想骗伙计们早点出工，却遭到大家一通合力痛打。

雄鸡报晓，其实有其科学原理的。鸡的大脑里有个“松果体”，它能分泌一种褪黑素。每当进入黑夜，松果体开始分泌褪黑素，而当光线射入眼睛，褪黑素的分泌便被抑制。褪黑素能抑制性激素的分泌，也直接控制鸟类的歌唱。晨光乍现，褪黑素的分泌受到抑制，雄鸡便开始不由自主地“司晨”了。

“雄鸡一声天下白”，这个任务母鸡是不能代劳的。古人认为“牝鸡司晨”，就是说母鸡早晨打鸣是不祥的征兆。中国唯一的女皇帝武则天即位时，便有守旧派大臣以“牝鸡司晨”做比喻来加以反对，认为天下必将大乱。其实，牝鸡司晨不过是母鸡雄性激素分泌过多导致的一种稍有异常的自然现象。

第十一节 公卿如犬羊，忠谠醢与菹——爱犬之诚

狗属于哺乳纲食肉目犬科，它由狼驯化而来，是最早与人类建立友谊的动物。

1974 年，考古学家在伊拉克的帕勒高拉洞穴遗址中，发现了公元前一万年的家养狗的骨骼。中国人养狗也有近万年的历史了。在新石器时代早期的河北武安磁山、河南新郑裴李岗等文化遗址中都曾出土大量狗的遗骸。

◎ 狗 双金摄

中国人又将狗称为犬，《礼记·曲礼》云：“通而言之，狗犬通名，若分而言之，则大者为犬，小者为狗”，也就是说，个头大的是犬，小的是狗，不需细分的话，狗犬也

能通用。

古今中外，有许多名犬种类。先秦时候，人们便以名犬为宠物相互馈赠，有时还作为贡品。《尚书·旅獒》载，“唯克商，遂通道九夷八蛮，西旅氏贡獒。”《尔雅·释畜》说：“狗四尺曰獒。”獒是西方民族的大型犬类，藏獒就是它的后裔。

先秦时期北方民族的犴也是名品，《埤雅》云其“胡犬也，似狐而小，黑喙善守”。《史记·赵世家》把它与代马、昆山之玉并列为赵国的三宝，足见犴的名贵。

明清之际，从宫廷到民间都以玩犬为乐。据《清稗类钞》介绍，世界最名贵的狗，首推京师所产，有六种：“一曰京师狗，二曰哈巴狗，三曰周周狗，四曰小种狗，五曰预毛狗，六曰小狮狗，尤以京师狗、哈巴狗、小师狗为上。”

狗有许多突出的优点。它比较聪明，智力相当于两三岁的儿童。它的听觉和嗅觉都很敏锐——人的耳朵只能听到30000 赫兹以下的声音，而狗却可以听到 100000 赫兹以上的声音；人的嗅觉细胞一般只有 500 万个，而狗竟有 2 亿多个，可以分辨大约 2 万种不同的气味。

◎ 宠物狗

人类对狗的上述特点善加利用，狗便成了人类最可靠的帮手。李时珍在《本草纲目》中说：“狗类甚多，其用有三：田犬长喙，善猎；吠犬短喙，善守；食犬体肥，供饥。”他将狗的用途大致归纳为三类：第一类是嘴部较长的猎狗；第二类是看家护院的善吠的狗；第三种是体肥的用于食用的狗。

狗最让人动容的，莫过于它对主人的忠心耿耿。狗为了帮助主人，会想尽办法克服困难，甚至不惜牺牲自己的生命。晋时有“黄耳传书”的故事。

晋初诗人陆机居住在洛阳时，曾与家中断了书信。他很担心家人安康，有一天便对自己养的名叫黄耳的狗开玩笑说：你能帮我传递书信吗？没想到黄耳摇着尾巴发出声音，似乎表示答应，陆机便尝试着把书信放在黄耳身上并送它出门。没想到黄耳历尽艰辛，真的将他的信带回了家，后来又把家人的回信捎给了陆机，自此留下典故。

满族也有“义犬救主”的传说。

老罕王努尔哈赤被明兵追赶，明兵想放火烧死他，他身边的狗在水泡子里浑身蘸满水，打湿周围的荒草，免去烈火烧身，救了老罕王。据说满族人不食狗肉的习俗就与这一传说有关。

传说只是传说而已，下面这则故事却确有其事。

在甲午中日战争中，清朝爱国将领邓世昌带领“致远号”军舰上的官兵英勇抗击日寇。因寡不敌众，“致远号”军舰最终被击沉，邓世昌跳入海中打算自杀殉国，而他的狗却拽住他的衣领不放，想救主人上岸。但邓世昌心意已决，不断摆脱狗的救助，狗见主人如此坚定，就陪同主人一起沉入海底了。

◎ 陕西省汉景帝阳陵出土的彩绘陶狗
韩冰摄

狗对人的忠诚，有时也会受到微词，这是因为狗一味地相信和依赖主人，在帮助主人执行任务时，也不会辨别是非。于是“狗仗人势”“狼心狗肺”“狗眼看人低”等贬义词也纷纷冲狗而来,鲁迅也用“丧家的资本家的乏走狗”来形容那类没有民族骨气的无耻之人。

其实说起来,这些与狗有何相干,它只不过是一种依靠天性生存的单纯至极的动物。但是,中国人将奴性投射到了狗的身上,于是,狗也成了大家言语中最不受待见的一种动物。人类指桑骂槐,狗也的确有几分冤枉和无辜。

第十二节 喜比为白麟,惟忧不丰溢
——娇憨如猪

猪,是杂食类哺乳动物,它身体肥壮,四肢短小,鼻子口吻较长,有一副蒲扇似的大耳朵。

人类养猪的历史,亦可追溯到上万年前。1991 年,美国考古学家 N. 罗森伯格率领一支考古队在土耳其东南部的一个高地村庄哈兰·塞米,发现了大量距今一万到一万零四百年的猪骨骼,它们的臼齿明显缩小,说明已完成了野猪向家猪的转化。

◎ 猪 双金摄

中国人养猪也起步较早。在广西桂林甑皮岩墓葬中,曾出土距今九千余年的家猪猪牙和颌骨。浙江余姚河姆渡新石器文化遗址出土的距今约六七千年的陶猪，猪的腹部明显下垂，前躯和后躯比例几乎相等，作奔走状，造型生动，其体质特征与现代家猪非常接近，属于已经驯化了的早期家猪。

长期的养猪史，孕育了中国丰富的猪文化。早在甲骨文中，已有“猪”的出现，那时它被称为“豕”。甲骨文中的“豕”是一个象形字：长嘴短脚，肚腹肥圆，尾巴下垂，横过来观赏，正是一幅惟妙惟肖的猪形象。

由于观察细致、了解深入，古人根据性别、年龄乃至颜色的不同给猪分类并且命名：豝（bā）是母猪，豭（jiā）是公猪，豯（xī）是三个月大的猪，豵（zōng）是一岁大的猪，豥（gāi）是四蹄都为白色的猪。

中国虽不是最早饲养猪的国家，但是中国人为世界养猪业做出了突出贡献。早在两千多年前的两汉时期，中国已培育出外形肥壮、肉质佳美、繁殖力强的优良猪种，后来它被引入欧洲，用来改良当地猪种，并育成罗马猪。清朝时，中国猪被引入英美，育成了大约克夏猪和巴克夏猪等世界闻名的猪种。

◎ 新石器时代陶塑猪首 韩冰摄

英国生物学家达尔文曾称赞道：“中国猪在改进欧洲品种中，具有高度的价值。”在长期与猪打交道的过程中，中国人还积累了丰富的养猪经验，历代留传下来的有关养猪的文献典籍浩如烟海，《泛胜之书》《齐民要术》《农桑辑要》《便民图纂》《豳风广义》《马前农言》《三农纪》《农桑经》等书籍中都有关于养猪的内容。时至今日,中国的养猪业在世界上也占有举足轻重的地位。20世纪末,中国已成为世界第一养猪大国。另外,全世界共有家猪品种三百个,中国的猪种就有近百个,占世界品种总数的三分之一,是猪种资源最丰富的国家。

中国古人最为看重的"六畜",猪位列其中,原因非常明显:它是人们主要的肉食来源之一。猪肉味道鲜美,古时候,我们的祖先发明了不少以它为原料的美味菜肴。先秦时代有一种"炮豚",即为烤猪,它是古代八种珍食之一,只供周天子及其近臣享用。

《论语》中有则故事,讲孔子为感谢旁人送了一只蒸熟的小猪而亲自登门拜谢,说明在当时,蒸熟的小猪既是难得的佳肴,又是贵重的礼物。

有一道菜肴据说是古人发明,而今人仍有缘享用,那就是驰名中外的"东坡肉"。传说它是苏东坡被贬官黄州时发明出来的,著名的打油诗《猪肉颂》,赞美的就是它:"黄州好猪肉,价钱等粪土。富者不肯吃,贫者不解煮。慢著火,少著水,火候足时它自美。每日起来打一碗,饱得自家君莫管。"

◎ 陕西省汉景帝阳陵出土的彩绘陶猪 韩冰摄

猪肉作为人们餐桌上比重较大的肉类之一,已达数千年之久,除了味美,还有另外一个重要原因:猪天生拥有好胃口,对食物要求不高,且吃饱就睡,极易长膘。按照现代科学测算,牛能把6.5%的食物转化为肉,羊的相应转化率有13%,而猪的转化率高达35%。可见,养猪是一件省时省力,且低投入高产出的事情。

猪满足了人们的口腹之欲,可是人们在言谈间却对它缺乏尊重,“笨”“脏”“馋”是人们提及猪时常用的形容词。然而科学研究发现,上述认识均属人对猪的主观印象,猪其实是一种聪明、爱干净、有节制的动物。

动物学家研究表明,猪并不蠢,它的智商仅次于灵长目和海豚,远远高于牛和羊,它的感觉也很敏锐。人们一般认为狗是一种聪明的动物,然而狗在某些方面的学习能力却远不及猪。科学家对猪进行过一连串测试,包括跳舞、挑水、拉车、开门等,发现猪只要看一次人的示范动作就能学会,狗要近十次重复才会。猪的嗅觉很灵敏,小猪在出生几小时后就能辨别气味,母猪能用嗅觉辨别自己生下的小猪,并排斥其他小猪仔。

猪还是一种爱清洁的动物,这是令许多人万万想不到的,平常我们所见的猪,总是一副脏兮兮的模样。其实猪的天生习性是在远离吃、睡的地方排泄,这是从它的祖先那里遗传下来的习惯,因为野生情况下的猪在窝边排泄,容易被敌兽发现。只不过,现实生活中人们给予猪的条件有限,猪圈不仅拥挤不堪,甚至还被当作茅厕,又哪里会有专门供猪排泄的地方呢?

◎ 宠物猪

另外,猪喜欢在泥里打滚,不是因为它们爱脏,而是因为怕热。猪身上汗腺很少,天气热的时候,它们也想来一个冷水浴,但是找不到干净的水，只好滚在泥水里图个凉快了。

猪是杂食性动物，食量比较大，所以人们常用“好吃”来形容它。其实，猪吃食具有很强的选择性，凡是不爱吃的东西，绝不肯勉强吃下肚。另外，它也懂得少吃多餐，细嚼慢咽，所以猪极少因暴食而致病或死亡，因此可以说，猪是一种有节制的动物。

由上可见，猪显然遭受了人类的误解，但它从不辩解，还是那副憨憨的模样。不过歪打正着，随着新新人类的成长，受他们观念影响，人们开始选择从另一个角度看问题，便渐渐看到了猪的好处。

人们发现，猪猪们没有心眼，从不忧愁，善于享受生活，从无减肥之苦，这都是聪明的人苦心经营也无法得来的幸福，其实也是最为智慧的生活态度。于是，越来越多的人开始欣赏猪的“大智若愚”了。

如今，新的猪文化现象不断出现，很多人亲昵地称恋人或朋友为“猪头”，有关猪的动画片、小饰品、墙纸屏保也正在年轻人中风行，有的人甚至把猪当成了宠物。

第三章

十二生肖的文化神格与民间风俗

十二生肖不只作为普通的生灵融入中国人的生活，通过人的想象，由其自然习性引申开来，它们又被赋予了诸多的文化意义，从动物上升到神格，接受中国人的尊崇和膜拜。只有自然生灵与文化神格相结合，才构成了中国人心目中完整的生肖动物印象。

第一节 鼠咬天开

中国古代流传着“鼠咬天开”的传说。那还是在远古时期,天地混沌一片,宇宙没有形成,鼠在夜半子时出来活动,将这混沌咬破,使得天地分开,宇宙就成形了。有人说,正因老鼠对创世有如此之大的功劳,它才被排在了十二生肖的首位。

类似的故事,在中国许多民族的神话中都有讲述,只不过天地未开时的混沌状态,常常会以葫芦、金鼓等象征方式表现出来。比如下面这则拉祜族神话故事——

混沌未开时代,创世神厄莎种植了一个葫芦,葫芦老了,滚到山下海水里,螃蟹从海中把葫芦拖上岸来。老鼠咬了三天三夜,终于把葫芦咬出了一个洞,一男一女从葫芦里走出来,这就是拉祜族的始祖扎迪和娜迪,而老鼠也因此赢得了吃人粮食的特权。

“鼠咬天开”的传说,充分反映了我们的祖先对鼠的敬重。

财神鼠爷

老鼠偷吃粮食，糟蹋东西，家中招了老鼠，岂不是坏事一桩？事实并非完全如此。俗话说“**仓鼠有余粮**”（仓鼠即田鼠），从前很贫穷的时候，老百姓认为谁家有老鼠，就意味着这户人家生活富足。的确，如果家无隔宿之粮，老鼠哪肯驾到。所以，鼠还成了受欢迎的“财神爷”，民间以家中鼠多为一种吉祥富裕的象征。

清代道光年间的进士方濬颐的《梦园丛说》中记载了广东东部的一种“钱鼠”：它嘴巴尖尖的，尾巴长长的，叫声好像数钱一般，所以得名。其实，不只是钱鼠，一般的老鼠也能发出数钱的声音，俗称“老鼠数钱”。无独有偶，湖北等地的百姓也以听到这种声音为吉祥之兆。

◎ 剪纸鼠

不过，并非每个地方的人都持一样的看法，比如浙江一带有“**鼠鸣如数钱声，若在前半夜主得财，若在后半夜主散财**”的说法，而上海崇明一带的妇女则认为听到此声便预示着家中将出祸事。

古时候，中国民间还广泛存在以狐狸、蛇、刺猬、鼠和黄鼠狼为“五显财神”的观念。依据这种俗信，旧时天津一带还形成了以求财为目的的年节活动“鼠猬驮宝”——

元宵节期间，人们除向神佛供奉花糕、馒头外，还有面蒸的老鼠和刺猬，它们背上都驮着元宝。据说上供鼠、猬形状的面点还有讲究：正月十四或十五那天，上供时，鼠、猬的前脸朝外，等到烧香参拜以后，要把鼠、猬的脸朝里，表示鼠、猬已把财宝驮回家来了。

多子多福

鼠的繁殖能力极强，据《本草纲目》记载，鼠孕一月而生，而且一胎多子，多者竟然达近二十只。这种又快又多的生育水平，实在令渴望多子多孙的人家向往。所以，鼠还被民间视为多子多孙的象征，艺术作品也常以鼠形象隐喻多子多福。

北京故宫博物院珍藏有一部《十二生肖图册》，是清末著名画家任预的作品。其中的《子鼠图》画了五只小鼠，正抢食罐中撒出的瓜籽。在十二生肖中，鼠属子，而瓜籽之“籽”与“子”音同，画中两物，都表达了多子的意味。

“老鼠与葫芦”“老鼠与葡萄”“老鼠与石榴”等，都是民间常见的吉祥图案，也是民间剪纸和年画普遍表现的题材。因为鼠具有惊人的繁殖力，而葫芦、葡萄、石榴属多籽植物，谐音“多子”，所以人们便把老鼠与这些植物组合在一起，强化了繁衍后代的愿望。

一些有趣的民间吉祥图画，也表现了同样的主题——“老鼠偷南瓜”，表示瓜瓞绵绵；“老鼠偷白菜”，因为鼠喻“子”，白菜的“白”谐音“百”，比喻“百子”；“老鼠揭盖碗”，也隐喻生殖崇拜的观念。

以鼠占卜

因为老鼠居地穴之中，经常夜间活动，民间就出现了这样的说法：鼠能与鬼神相交通，可预知人事吉凶祸福。据《汉书》记载，老鼠夹尾而舞，以尾画地，是在向人们预告不祥的事情。

江苏崇明地区对鼠有三种忌讳——

一为老鼠出外寻食时失足跌落在地上。见到这种情况为不吉，不是生疾病，便有其他祸灾，必设法禳解。所以，看见这种情况的人必须亲自去往乡间，沿户乞讨白米，谓之“百家米”，回家用这些米煮饭，食之便可祛除灾难。

二为老鼠数钱。前已提及，当地的妇女认为，听到了此声，家中将出祸事，因此日夜担忧，恐大祸降临，必俟数日后，不见灾祸，才能放心。

三为老鼠咬东西。鼠咬坏东西本来是它的天性，当地妇女却觉得是自己说老鼠的坏话，被鼠听到了，所以老鼠咬坏她家的东西，以惩罚这家人。崇明人相信鼠能掐会算，善知吉凶，所以不敢得罪，有时甚至要称呼“老鼠伯伯”或“黄仙”，以讨好老鼠。

现代民俗学家江绍原先生在《发须爪》一书中提到：“江苏、浙江、安徽、江西、直隶诸省，都有些地方相传头发如被鼠咬，本人不久必有疾病或旁的灾难。”而近代民俗学者胡朴安在著名的《中华全国风俗志》的“浙江卷”中则记述：“家多鼠，主吉。鼠啮人之发，主有喜事。”

老鼠咬人头发的现象，在不同地方被认为是不同的征兆，可见鼠能占卜，不过是人们希望能够预知自己的命运，才寄托在鼠身上的观念，并不可信。然而，这不等于说，所有关于鼠的崇拜习俗都没有道理。

矿井鼠仙

在采矿行业中，有不少关于鼠的禁忌习俗。

东北煤矿工人尊鼠为"鼠仙"，不仅忌讳在矿井中捕捉老鼠，而且在井下吃饭时，也总要分一点饭菜喂老鼠。山西阳泉一带的煤矿工人把生活于矿井中的一种白毛老鼠当作神灵来崇拜，在矿井中碰见它需绕道而行，不得伤害。

云南一个旧矿区里还有座耗子庙，传说有一次，一个矿工遭遇矿进塌方，一只老鼠先把他引到粮库，让他有吃的，然后引他从地下逃出。为纪念老鼠救人的功德，人们盖了这座庙。传说虽不一定确有其事，但老鼠由于感觉灵敏而有恩于矿工，却是事实。

采矿是一种危险的工作，因为矿井下时常会发生大冒顶推倒掌子面的不幸事故，这种人不易发现的周期压力冒顶，老鼠特别敏感，所以矿工忌讳老鼠搬家看似一种迷信，其实也不尽然，鼠群集体迁徙，完全可能是事故的预兆。

采矿时还会发生瓦斯、沼气和煤气等有毒气体中毒事件，老鼠和矿工一同生活在井下，也受到毒气的威胁，但鼠类对这三种气体极为敏感，只有在没有毒气的地方，这种小精灵才出现，所以矿工见了老鼠就有一种安全感。

一代代井下的矿工，正是因为与鼠相处，才发现了它的生活规律与矿业安全的神秘关系，不过起初他们并不了解其中的科学道理，所以才将之作为崇拜或者禁忌习俗传承给了后人。

老鼠嫁女

“初一场，初二场，初三老鼠娶新娘”，这是一首流传于中国很多地方的新年民谣。“初三老鼠娶新娘”是个很有趣的民间传说，过去老人们说，大年初三晚上是老鼠娶亲的日子，家家都要早上床，早睡觉，还要在屋角撒盐和米送给它们，这种习俗叫“老鼠分钱”。

过去北京也有“十七、十八耗子成家”的说法，在正月十七、十八晚上，大人们会让小孩早睡，还要小孩把鞋子收好，免得鞋被耗子拉去做花轿。

“老鼠嫁女”的题材，在民间艺术中应用非常广泛。民间剪纸常用老鼠嫁女图案来烘托过年时的热闹气氛，而“老鼠娶新娘”也是地方年画的一个传统题材。

年画中，由老鼠组成的迎娶队伍一行行排列着，花轿、鼓吹、执事无一不备，精心打扮的新娘端坐在花轿中。年画采用拟人手法把老鼠迎娶的热闹场景具体地呈现了出来，只是在画面一角往往有一只大狸猫，做出向前猛扑的姿态，只吓得前面的几个鼠乐队成员纷纷逃窜，使整个画面看起来非常有趣。过去人们过年时常会买一幅贴在墙上，用来哄小孩。

◎ 山东风筝之老鼠嫁女 曹俊仙摄

为什么会出现猫搅乱老鼠娶亲好事的情景呢？这是因为老鼠娶亲毕竟是一种“反常”的行为，偏离了常态，猫的出现恰恰是要恢复生活的常态。在有鼠群出现的地方，人们自然会想到猫，所以说，“老鼠嫁女”从根本上讲是一种驱鼠活动。

第二节 丑牛辟地

“鼠咬天开”的传说，其实还有下文——混沌的天地被分开之后，是擅长耕种的牛开辟了大地。由此可见，跟老鼠一样，牛亦是中国人心目中的创世英雄。

◎ 剪纸牛

我国少数民族也有“神牛创世”的神话。如塔吉克人认为，世界是由一头神牛顶着，人类如果干了坏事，神牛就会抖动牛毛或犄角发出警告，于是就会发生地震之灾。维吾尔族的传说是，大地被一头公牛的一只角支撑着，公牛由一只浮在水面上的特大的乌龟驮着，牛感到劳累时，就把大地从一只角换到另一只角上，这时就会发生地震。柯尔克孜族也有类似的传说，因此他们常常为牛祈祷，愿它永远强壮，少发地震。

神牛图腾

作为人类生产生活的重要帮手，牛自然而然地使人类萌生了对它的崇拜。根据《山海经》的记载，中华民族的始祖之一炎帝为牛首人身，后来学者研究发现，炎帝实际上是原始社会中姜氏部落的首领，这个部落以牛为图腾，所以炎帝被塑造成了这般形象。

在我国，将牛作为图腾进行崇拜的少数民族还有不少。根据史料记载，藏族的一部分族源为"古牦牛羌族"；蒙古族也流传着其先祖在贝加尔湖漫游时，与天子芒牛交配传衍世代的神话传说。

如今，无论是藏区保存完整的有关牦牛题材的原始岩画，还是殷商时期雕刻在青铜器皿上的牛头纹饰，都可以追溯到远古时代华夏儿女以牛为祖先的图腾崇拜。

◎ 陕西省汉景帝阳陵出土的彩绘陶牛 韩冰摄

牛王护神

早在秦代，中国就有祭祀牛神的风俗。在神话传说中，牛神原本是南山的一棵大樟树，被人盗伐，树断了之后，变成牛潜入水中，所以秦朝立祠来专门供奉牛神。汉代画像石中的牛王神，还为牛首人身。不过后来，牛王逐渐变为人形。清梁绍壬《两般秋雨庵随笔》记载："北方牛王庙，画百牛于壁，牛王居其中，则冉伯牛也。”这是说，清朝时候，民间认为的牛王已经变为历史上的一个著名人物——孔子的学生冉伯牛。此外，也有一些地方以汉代的龚遂为牛王大帝。

中国历史上许多地方都有牛王庙，如始建于清代康熙七年的成都牛王庙，距今已有三百多年历史。

相传当年成都平原牛瘟肆虐，人们谈牛色变。四川巡抚张德地为了安抚民心，稳定社会，便在毗邻的牛市之外修建了牛王庙，并铸铁牛一只，供奉于庙内。从此，这里香火不断，祭祀不绝。后来，周围的街市也干脆被命名为“牛王庙街”。

如今，牛王庙已经颓圮，但见证了牛王庙兴衰的牛王庙街还在。

酬牛传统

鉴于牛的劳苦功高，中国许多民族和地区的民众都有敬牛酬牛的传统。

普米族有一首民歌唱道：“家中火塘最亲，打山猎狗最亲，放牧头羊最亲，发家靠牛积银聚金……”可见牛在普米族心中的地位。传说人间的五谷就是牛冒着杀头之罪从天宫为人类偷盗来的，所以，普米人对牛倍加爱护。每年农历三月初三，各家各户赶出所饲养的牛，在河边为它们洗澡，用鲜花野草为它们装扮，夜晚孩子们点起篝火通宵歌舞，歌颂牛的功劳。每年秋粮收打结束之后，普米人还要请牛先尝新粮，以此报答耕牛的辛勤劳动。

“仡家一条牛，性命在里头。”从这条谚语可见仡佬族对牛的敬重。每年农历十月一日，仡佬族要敬“牛菩萨”，他们称这一天为“牛王节”。过牛王节时，仡佬族村民要给牛做寿:所有耕牛都停止使役,人们把牛厩打扫干净,垫上厚厚的软草,用温水给牛洗澡,用最好的饲料喂牛,并在牛角上挂两个糯米做的糍粑,再把牛牵到水边,让牛在水中看到自己的倒影,然后取下牛角上的糍粑喂牛。

此外,苗族人每逢过年的早上,要把酒淋在牛鼻上,表示与牛共度佳节。土家族每年农历四月十八为牛王过生日,并以此作为祭祀牛王的节日。而布依族的牛王节则在农历四月初八,这一天各寨举行隆重的祭典,家家用米酒、五色糯饭敬牛王,喂耕牛。客家人也有着自己独特的敬牛传统。新买的牛犊入栏时,角缠红布志喜。母牛产仔,人们抱牛崽向四方跪拜,祝愿小牛吃四方青草长大,称"牛子拜四方"。当耕牛老死后,有的农户还为其挂红送终。

◎ 民间泥塑"牛耕田"

鞭打春牛

辛勤劳动的牛理应得到人们的尊重和呵护,为什么却又出现了"鞭打春牛"呢?原来,这是古时候流行的一种岁时习俗,而挨打的也不是真正的牛,而是土或者纸做的牛。

鞭春牛又称"鞭春"或"打春",它与《周礼·月令》中提到的"出土牛以送寒气"的周代习俗有关,后来,这一活动固定为立春之日。

古代有不少吟咏这一风俗的诗篇,如元稹《生春诗》之七:"鞭牛县门外,争土盖蚕丛。"又如白居易的诗:"布泽木龙催,迎春土牛助。”

“鞭春牛”意在劝民农耕,在仪式过程中,由人装扮的“句芒神”鞭打土牛,由地方官员行香主礼,宣告新的一年劳作开始,并祈求丰收。春牛被打烂后,大家争抢碎土,据说“土牛之肉宜蚕,兼辟瘟疫”。皇宫里也会举行鞭春仪式,由皇帝主礼。关于这一风俗的起源,还有一个故事。

传说句芒率领大家翻土耕田,准备播种。可是,犁田的牛都还在“冬眠”。句芒大概是舍不得惩罚牛,便用泥土制成土牛,挥鞭猛力抽打。鞭响声惊醒了牛群,它们看见躺在地上睡觉的其他的牛正在挨鞭抽,吓得赶紧爬起来,下地干活去了。

此后,鞭打土牛逐渐成为古代春季习俗中的一项活动。句芒则被尊奉为专管督促农耕的神。春牛一开始都是泥塑的,后来出现了纸牛。纸糊的牛禁不起打,鞭子一抽下去,立即皮开肉绽,牛肚子里事先装入的五谷便散落一地,这象征着“五谷丰登,谷流满地”。

随着时代的发展,鞭春牛的习俗变得越来越丰富,并具有一定的科学性。清朝的时候,朝廷每年给地方下发由掌管天文气象的官员制作的《春牛芒神图》。在图中,春牛各部位的颜色都是根据当年干支和立春日的干支与五行阴阳的关系来设计的,芒神的年纪、服饰、姿态也是如此,朝廷要求地方的春牛与芒神都依据此图制作。所以,对封建社会的农民来说,“鞭春牛”还起到了历书的作用。

鞭春牛的习俗后来成为民间年画的常见题材,山东潍坊年画中有一幅《春牛图》,上部绘有芒神和春牛,下为两人在吃春饼。空白处还有题字:“我是上方一春牛,差我下方遍地游,不食人间草和料,专吃散灾小鬼头。”可见,春牛还拥有除祟的神力。

剽牛祭祀

牛，既是人们心中的神灵，也是祭神用的祭品。《左传》曰："国之大事，在祀与戎。"可见在古代，祭祀是一等一的大事，而祭祀用的祭品，作为沟通人神的媒介，也非常重要。

早在原始社会，人类就有以牛随葬的现象。到了重礼的周代，祭祀被分为太牢、少牢和特牲三个等级，以太牢为最高，是帝王、诸侯致祭宗庙时用的。太牢又被称为"牛牺"，它要求牛、羊、猪三牲齐全，以牛为最重。

用牛做祭品祭神祭祖，这一风俗在中华民族沿袭了数千年，直到今天，仍存在于一些少数民族地区。如佤族人每逢重大节日，都要剽牛，砍下牛头祭祀他们的大神龙魔爷。

第三节 虎啸生风

虎图腾

在中国，东北、华南两地山林产虎较多，那里的人们在与虎长期接触的过程中，形成了虎图腾崇拜。

东北的长白山被誉为"神山"，史书记载，汉代以来，这里的山民就已“祠虎以为神”。辽宁和吉林各地都忌讳说“虎”字，在讲到老虎时一般用“山神爷”来称呼。

生活在东北的少数民族，如赫哲族、达斡尔族、鄂伦春族、朝鲜族等，对虎的崇拜更是虔诚。其中，又以赫哲人的虎图腾保留最为完整。赫哲族的一个氏族——阿克腾卡氏到现在还流传着虎图腾传说，传说中阿克腾卡是虎和一个赫哲族女子成婚后所生。赫哲人不怕虎，也不伤害虎，甚至不猎取虎爱吃的食物，猎人在山中看到老虎后都要磕头回避。万一有外族人在不知情的情况下伤害了老虎，就会受到惩罚，并需赎罪。

◎ 彝族支系阿细人的虎图腾

中国西南许多少数民族也信仰虎图腾，据说这些民族与远古时代以虎为图腾的伏羲氏率领的部落有着亲缘关系。现在的西南少数民族中，彝族、纳西族、傈僳族以黑虎为图腾，土家族、白族崇拜白虎，其中，彝族人对虎的崇拜特别突出。云南乌蒙地区流传的彝族史诗《梅葛》说，虎不但是人的祖先，人死后也会化为虎。虎还是创世神，其创世故事类似于汉族民间传说的盘古：

虎头作天头，虎尾作地尾，左眼作太阳，右眼作月亮。虎须作阳光，虎牙作星星。虎油作云彩，虎气作雾气。虎心作天心地胆，虎肚作大海，虎血化海水……

在云南哀牢山地区，彝族男人自称“罗颇”，意思是公虎；女人自称“罗摩”，意思是母虎；男女统称“罗之”或“罗罗”。

◎ 景颇族“脑双”服饰

过去彝族首领和巫师都身披虎皮。从古到今，凉山和哀牢山的彝族都实行火葬，他们认为不火葬，就难以还原成虎。此外，彝族的十二兽历法也以虎打头。

虎神灵

汉族的民间信仰和传说故事中，有着众多的虎神灵，其中以白虎神和西王母二位最出名。

古代天文学认为天上有“二十八星宿”，东西南北四方各有七颗，各方向的星群组成的图案分别类似一种动物：东方形似龙，西方形似虎，而南方和北方的星群各形成了类似鸟和龟蛇相抱的形象。后来，这“四象”与五行配五色学说相糅合，形成了“**东青龙，西白虎，南朱雀，北玄武**”的说法。再往后，道教将这“四象”纳为守护神，白虎也就成了“白虎神”。

春秋战国时期的书籍《山海经》中记载了这样一尊女神：她居住在玉山，也就是今天的昆仑山西北。她的长相很可怕，据说是“**人面虎身**”，“**豹尾虎齿而善啸，蓬发戴胜**”。她的职务是刑神，掌管人的疾病和生死大权，她就是在很多神话故事中都能见到的西王母。

中国古代神话中的虎神还有水神天吴、刑神蓐收等。此外，作为一种有神性的动物，虎还成了一些神灵的坐骑，如财神赵公明元帅就骑了一只黑虎。

辟邪神兽

在中国人的心目中,虎是一种辟邪迎瑞的神兽。个中原因,当代学者姚立江如此解释道:这既是对其威猛勇武的动物习性的引申夸张,同时也有着氏族图腾的观念。

“画虎于门”,是应用虎的辟邪作用的典型习俗,它是指将虎画到门上,以虎为门神来镇宅。这种习俗在汉代就已非常盛行,而它最早出现的时间可以追溯到周代甚至更早。中国最早的门神是神荼和郁垒两兄弟,自从虎进入门神行列后,两兄弟与虎既可以各自独当一面,也常做搭档。当它们合作之时,神荼、郁垒负责抓恶鬼,而虎负责把恶鬼吃掉。直到唐代,把虎作为门神的习俗还很盛行,那时人们常在虎头上写一个“聻”(jiàn)字,迷信的人称鬼死为聻,人们将它写在虎头上,认为可以增加虎驱鬼的神力。南方崇拜虎的少数民族中也有把虎当门神的习俗,如云南丽江纳西族的门神就是“雷霆白虎之神”。

“画虎于门”的辟邪习俗在后世仍有存留。过去,华北地区的人家流行在正厅悬挂年画《镇宅神虎图》,今天民间也喜欢制作以虎为题材的年画,这些都是虎门神的演变形式。

古时候,人们认为端午节是五种毒虫——蛇、蜈蚣、蝎子、蜥蜴、癞蛤蟆——最为活跃的日子,在这一天人们会开展种种除毒驱邪的活动以求平安。据说虎能辟五毒,所以一些地方有了这样的习俗,在端午节用艾草扎成虎形,再把“艾虎”插在门楣上或者佩戴在身上。

人与虎伴

虎有着丰富而美好的象征意义，所以在人生的重要仪式上，总少不了它的身影。

在人们的心目中，虎是孩子们的保护神，能够保佑他们虎虎有生气，所以儿童的出生礼和成长过程中，虎的形象总会伴随左右。

与虎有关的育儿习俗在东北各省，以及河南、河北、山东、山西、陕西等地广泛地存在着。新生儿出生后要用虎骨水洗身，据说这样可以使婴儿从小到老都不生病。很多家庭会给孩子戴虎头帽，穿虎头鞋，把孩子打扮得像个小虎娃。

在陕西，舅舅家要送一只黄布做的老虎给外甥做满月，进大门时，舅舅还要将老虎尾巴折断一节，丢在门外，这样，就丢掉了孩子在成长中遇到的坎坷，同时送上了健康勇敢的美好祝愿。山西省流行在小孩过生日时，舅舅给外甥送虎枕，既可以当枕头，也可以当玩具。南方的汉族人和东北鄂伦春族，甚至还保留有让小孩佩戴虎爪和虎牙，以驱鬼辟邪的风俗。

虎的形象还常常出现在男女联姻时，在陕西洛川，男女双方订婚时，男方要蒸一对老虎馍，用红绳拴在一起，送给女方，表示婚姻从此开始。

◎ 老虎枕

在晋南，人们结婚时要贴双喜剪纸，剪纸上有六只老虎，代表新婚男女和他们未来的儿女。

湖北新婚夫妇的帐沿上，要倒挂一种叫作“蝉虎”的装饰品，它用布制成，虎头蝉身，意思是生命蝉联不绝。

上海崇明岛甚至流行新娘穿虎头鞋的习俗，意思是过门后要制服丈夫，西北地区的姑娘们的陪嫁品中也有面老虎、虎头帽、虎头枕等。

当然，丧葬习俗也离不开虎。古时候，帝王的墓前往往置麒麟，而大臣的墓前常置一尊石虎。位于陕西兴平的西汉霍去病将军之墓，其前就有一具石雕伏虎；位于山东省泰安市的明代兵部尚书肖大亨墓前也有一对石虎。

《周礼》中有一则传说，解释了这种习俗的由来：

有一种叫作罔象的水怪，喜欢吃死者的肝脏，但是它害怕虎和柏树，所以墓附近要种柏树、放石虎。

看来虎不仅陪伴人一生，在人死后，它还是忠实的伙伴。

虎佑财富

在中国古代的五行学说中，虎属金，人们相信它能够保佑人发财。如今，一些年画就以“虎招财”为主题。在我国台湾也有类似说法，胸前佩戴虎形饰品能够“咬钱增财”，因而从事赌场生意的人一般都会佩戴老虎饰品，希望能够保佑自己发财。

第四节 月中玉兔

关于月亮，古人有许多浪漫的想象，其中最著名的要数“嫦娥奔月”的传说了。据说嫦娥在广寒宫里郁郁寡欢，幸亏有一只玉兔与她为伴。玉兔是嫦娥的宠物，这种说法在现代人心目中根深蒂固，可是，在古人的认识中，兔的地位却重要得多，它甚至是月亮的代表。

《春秋运斗枢》中说：“行失瑶光，则月出兔”，意思是假如月亮没有了光辉，那就是兔子从月亮中出来了。

古人不仅想象月亮中有兔子，而且还想象兔子在月亮中做什么。汉代《乐府诗集》中就有“白兔常跪捣药虾蟆丸”的诗句，晋朝傅玄在《拟天问》中则吟咏道：“月中何有？白兔捣药。”汉代许多石画像中也有玉兔捣药的画面。

为什么古人会认为月中有兔？古往今来，人们为这个问题争论不休，有人说因为月面的阴影像兔子；也有人说兔和月都是阴性的，所以它们被联系在了一起；还有人说兔鼻有豁，月也有阴晴圆缺，两者相感，关系亲密。不过这些说法，都不如传说故事来得有趣。下面这则故事出现在唐代玄奘《大唐西域记》中：

远古的时候，天帝要考察狐狸、猿猴、兔子三种动物，就化身成一个老人来到山野中。他请狐狸、猿猴、兔子帮忙寻找食物充饥。三种动物分头去寻找，狐狸在河里找到了鲤鱼，猴子在树林里摘到了水果，只有兔子空手而归，于是遭到了其他动物讥讽。兔子就请狐狸和猿猴帮忙捡柴火，说是自有办法。等熊熊烈火烧起来以后，兔子说："我尽管卑微，但愿意将我自己奉献出来，作为您的美食。"说完就跳入了火中。这时候，老人现出了天帝的原形，非常感慨，说："兔的诚心让我感动，我要让它的形象进入明月，让后世之人永远能看到它。"

◎ 剪纸兔

值得一提的是，起初兔子并不是占据月宫的唯一动物。汉代文献《论衡·说日》中写道："月中有兔、蟾蜍。"也就是说，汉朝的时候，人们认为月亮中有兔子和蟾蜍两种动物。在20世纪70年代长沙马王堆汉墓出土的汉文帝时期的帛画中，也有一幅画中有月牙、蟾蜍和兔。在东汉画像石中，兔与蟾蜍一起出现的画面也比较普遍。大概在晋朝时，兔才开始甩掉蟾蜍，单独作为月亮的代表。

中秋祭兔

月中有玉兔，人们在对月亮进行祭拜时，当然不能忘记捎带着膜拜月中玉兔了。古时中秋节祭拜月神的习俗是这样的，人们摆出香案，上面供奉着“月光码儿”，“月光码儿”上印着“太阴星君”的字样和玉兔捣药的形象。从前的月饼上也常印有兔子的图案。

不过在中秋节，与兔有关的最有名的物件是“兔儿爷”。它是一种民间手工艺品，早在明代就已出现，清代特别盛行，流行于北京、天津及周边地区，甚至山东一带，中秋节前后，货摊上到处都有兔儿爷出售。

◎ 兔儿爷

中秋节的兔儿爷有双重职能：一是作为神灵，接受大人和儿童的祭拜，且以儿童祭拜为主；二是作为儿童玩具。兔儿爷兔首人身，多为泥制，色彩鲜艳，形态各异。正统的兔儿爷形象是左手端捣药钵，右手持药杵，但是也有穿着盔甲手拿大旗、骑虎、默坐等样式。

著名作家老舍在《四世同堂》中有对兔儿爷的一番生动描绘：

“脸蛋上没有胭脂，而只在三瓣嘴上画了一条细线，红的，上了油；两个细长白耳朵上淡淡地描着点浅红；这样，小兔儿的脸上就带出一种英俊的样子，倒好像是兔儿中的黄天霸似的。它的上身穿着朱红的袍，从腰以下是翠绿的叶与粉红的花，每一个叶折与花瓣都精心地染上鲜明而匀调的彩色，使绿叶红花都闪闪欲动。”

秋兔迎霜

除了中秋节，与兔有关的节日还有不少。

比如古时候汉族有大年初一“挂兔头”的习俗，目的是镇邪避灾；正月十五元宵节各式各样的花灯里面也有兔灯；在二十四节气中的“谷雨”这一天，山东地区的渔民有“兔塞怀”的习俗，寓意出海平安。

不过影响力最大的，还要数华北一带所流行的九月九日重阳节吃“迎霜兔”的习俗。明代刘若愚在《酌中志·饮食好尚纪略》中记载：“九日重阳节，驾幸万岁山，或兔儿山、旋磨山登高。吃迎霜麻辣兔，饮菊花酒。”迎霜兔实际指的是一种野兔，因为重阳节前后正是上霜时节而得名。据说，重阳节吃迎霜兔能驱病祈福，令人延年益寿。而这还与古人认为兔长寿的观念有关。

兔与分娩

兔与月有着不解之缘，在古人的心目中，连兔子的生育也与月亮有关。

明人张瀚在《松窗梦语》中记载：“兔视月孕，以月有顾兔，其目甚了。”他的话反映了古人的一种观念：天下的兔子都是雌性的，只有月中的玉兔是雄性的，地上的兔子是看到月亮中的雄兔而受孕的。有人推测古人得出这种看法的原因是，兔的生殖周期很短，在交配后，大约一个月后即产小兔，产兔后马上能进行交配，再经过一个月左右又能生产，而且，兔子生产时总在晚上，这与月亮盈亏的周期正好一致。

关于兔子的生育，古人还有很多奇怪想法，比如《论衡》中说："兔舔雄毫而孕，及其生子，从口中出。"同"兔视月孕"的看法类似，这虽是科学不发达时古人认识上的谬误，但也反映了他们对兔的生育奥秘的好奇。

大概与兔的繁殖力强有关，兔与生育的联系也很紧密。古时候兔还有个别名叫"娩"，而妇女生育也被称为"分娩"；妇女怀胎时，忌讳吃兔肉，认为一旦食用则腹中的胎儿就会跟兔子一样是豁嘴；兔脑还能用来制催生药，《本草纲目》中甚至称它为"神仙之方"。

育儿兔俗

兔子善走，所以过去有一种"兔儿鞋"，它是在每年中秋节时给一岁到五岁的小孩穿的，鞋的顶端做成兔头样式，人们希望穿了兔儿鞋能让小孩像兔子一样敏捷。

另外，古代还有给孩子赠兔画的风俗。画中，六个小孩围着一张桌子，桌上站着一个手持兔子吉祥图的人，这一习俗的用意是祝福受赠的孩子将来生活安宁，步步高升。

蛇盘兔，必定富

山西、陕西以及甘肃等地广泛流传这样一句谚语："蛇盘兔，必定富"，这是一种与属相有关的婚配俗信，认为属蛇和属兔的人在一起会生活幸福。

民间剪纸中也常见《蛇盘兔》图案，图中蛇首兔头相对，蛇躯环绕兔身。"蛇盘兔"的吉祥观念其实不仅限于婚俗，有时也应用于丧俗。根据明代叶盛《水东日记》的记载，当时在北京居庸关以北，人们认为蛇盘兔的墓地是最好的，一旦发现了这样的风水宝地，人们便蜂拥而至。

第五节 辰龙腾云

20世纪90年代，在辽宁阜新查海的兴隆洼文化遗址中，发现了一条石龙。它用红褐色石块塑成，长约二十米，身宽两米，是我国迄今为止发现的年代最早、形体最大的龙，距今已有七八千年。可见，龙的存在历史非常久远。

关于龙的来历，古往今来，有着很多说法。很多人认为龙的原型是某种动物，但不同的人支持的动物却有所不同，于是就有了鳄鱼说、蜥蜴说、河马说、猪说等；有人说龙的出现源于其他自然物或自然现象，于是又有了松柏说、闪电说、彩虹说等；还有人主张，龙是“农”，象征着农业的起源与发展，或者龙为“崇”，象征着崇高等。

在众多看法之中，闻一多先生的“图腾说”影响最大。据他推断，在我国氏族公社时代，以蛇为图腾的氏族先后兼并了许多别的氏族，兼并的同时又吸收了其他氏族图腾的某些部分，于是，“以大蛇为主体，兼有马的头、鬣和尾，鹿的角，狗的爪，鱼的鳞和须混合而成的龙图腾出现了”。

有趣的是，作为中华民族的图腾，龙为祖先的故事在汉族中鲜有讲述，但是在少数民族中却流传了下来，哀牢山彝族便

◎ 北海公园龙装饰图

有这样的传说：

从前，在哀牢山下住着一个名叫沙壹的少女，一次她到河边洗衣服，看见一条鱼游来游去，一时玩心大起，淌进河水去抓它，不小心被上游漂下来的一根木头撞了一下，回去后不久就怀孕了，后来一胎生下十个儿子。孩子们渐渐在她抚养下长大了，这天她带孩子们到河边戏水，忽见一条龙跳出水面问她："你为我生的孩子就是他们吗？"沙壹点点头，叫孩子们过来，见见父亲。孩子们被龙的怪样吓得一哄而散，只有最小的孩子不但不怕它，还好奇地摸摸它的角，扯扯它的须，最后一屁股坐到龙背上。龙很喜欢他，并伸出舌头去舔他。沙壹误以为龙要吃他，急得大叫龙背上的孩子，哀牢话中"背"的发音接近"九"，"坐"的发音接近"隆"，龙以为这是孩子的名字，就叫他"九隆"。后来，九隆十兄弟娶了后山的十姐妹为妻，繁衍生息，自成一族，共推九隆做了族长。

龙行雨沛

俗话说"虎能生风，龙能唤雨"，自古以来，龙就被认为是司雨之神。龙所降下的雨水是从哪里来的？

蒲松龄在《聊斋志异》中说："俗传龙取江河之水以为

雨”，就是说，龙将江河里的水带到天上，再以降雨的形式把它撒向人间。这与今天科学所描述的自然界水循环的道理有些相似，只是古人以为，水的蒸发和蒸汽的凝结这些环节都是靠龙的神力来完成的。

也有民间故事讲到，龙尽管是司雨之神，但它也只是奉旨行事，什么时候降雨，哪里降雨，降多少雨，这些它都做不了主，而是由它的顶头上司——玉皇大帝决定的。一旦龙违章办事，就会遭到严重惩罚。

不管龙对于降雨的职权有多大，它是直接掌管这件事情的，而降雨是否充沛关乎农业收成和百姓性命，所以，自古以来，中国人一直有祭龙祈雨的习俗。据古书记载，周代和汉代时人们祈雨所祭祀的龙是天上的星宿，也就是“东青龙，西白虎，南朱雀，北玄武”中的“青龙”。不过汉代也出现了堆土龙求雨的习俗，《山海经·大荒东经》中讲述了关于这个习俗来历的神话故事：

应龙本来是天上兴云布雨的神，后来它答应帮助黄帝来攻打蚩尤和夸父。它以水为武器，将蚩尤和夸父都打败了，但它也因此用尽了神力，再也上不了天，于是天下大旱。后来，人们想出了用土做成应龙的形状，以此来求雨的办法。

祭龙习俗中，龙本处于神圣的地位，然而世俗的仪式却多多少少地沾染了人性化色彩。倘若请龙多日，还是没有降雨，那么人们就不再对龙那么恭敬了，有些地方的习俗是通过“晒龙”的方式来惩罚它，也就是抬着龙在烈日下游行，让龙也体验一下干旱的滋味。在暴晒的过程中，人们会不时往龙身上洒点水，大概是怕惩罚过头，真把龙给惹怒了，更得不到雨水。

中国人的观念中还有龙王，其实龙王这个神灵并非出自本土，而是随着佛教而传入中国的，后来道教也将它纳入其中，在两大宗教的影响之下，民间才渐渐认可了它。

古时候在全国各地，到处都能见到龙王庙。人们常向龙王求雨，连皇家也不例外。北京颐和园南湖岛上就有座龙王庙，清朝的嘉庆帝和慈禧太后都曾在此求雨。

龙的节庆

由于龙在中华文化中居于非常重要的地位，它与许多节日都有关联，其中一个节日干脆就以“龙”来命名，那就是二月二“龙抬头”。这一天正值惊蛰、春分时节，民间认为蛰伏一冬的龙此时开始抬头活动，以后的雨水也就多起来了。

根据古书记载，古人在这一天有“引龙”的习俗，人们从门外开始撒灰，一直撒到厨房以内，再围水缸环绕一圈。由于中国北方多旱少雨，将龙引入家中，图的正是风调雨顺。

◎ 龙灯 张丽君摄

在二月二这天，围绕龙的民俗活动和讲究也有很多。

比如，人们喜欢在这天理发，据说这样就能像抬头的龙那样有精神；北方一些人家用彩纸、草节、细秫秸等穿成串，悬于房梁之上，称“穿龙尾”；在很多地方这天人们要吃面条、烙饼或者水饺，面条象征龙须，烙饼象征龙鳞，饺子象征龙耳。

龙舟竞渡是一项古老的风俗，在浙江鄞州区出土的春秋时期的一件青铜钺上，就刻有龙舟竞渡的图案。这个习俗不仅存在于大半个中国，在东南亚的许多国家也盛行。

根据古书的记载，古人不只在端午节这天，在整个春季以及中秋节前后也会赛龙舟。到如今，赛龙舟一般在农历五月举办，以端午节最盛。龙舟飞驰，龙旗飞舞，锣鼓声、呐喊声震耳欲聋，场面热闹非凡。

唐代诗人刘禹锡曾经在《竞渡曲》中对贵州沅江赛龙舟的盛况如此描述："扬桴击节雷阗阗，乱流齐进声轰然，蛟龙得雨鬐鬣动。"龙舟竞渡突出地表现了"龙的传人"同舟共济、勇往直前的豪迈气质。1984年，国家体委决定把龙舟竞渡列为全国正式比赛项目。

舞龙，也是中华民族在节庆时的传统活动。据考证，早在两千多年前，中国的民俗活动中就有舞龙项目。舞龙最早是用来求雨的，春舞青龙，夏舞赤龙，秋舞白龙，冬舞黑龙。经代代相传，舞龙成为一种重要的民间喜庆活动，多在新春佳节进行。有时候，人们也会舞龙灯。清代石方洛就写过一首题为《龙灯》的诗：

"新年入，龙灯出。纸龙无数木龙一，木龙领袖主驱疫。蜿蜒玲珑八十节，节节有灯分五色，灯灯有人持其跋。群龙舞，一龙率，上下控纵不可测……"

今天，凡是有华人居住的地方，就有舞龙活动。随着时代的发展，龙的制造工艺越来越高超，龙的形体也越来越大，舞动起来，上下翻滚，左右盘旋。我国台湾彰化鹿港镇的"世纪金龙"龙灯，全长384.3米，是世界上最长的舞龙龙灯，要由八百人轮流舞动。

 真龙天子

在神话传说中，原始社会的著名首领都与龙有着紧密联

系，如炎帝是应龙所生，黄帝骑龙升天等。此外，据说尧舜也是应龙所生，而禹在治水时得到过龙的帮助。

尽管《史记·秦始皇》中将秦始皇称为“祖龙”，但是龙与王权真正建立起密切关系，是从汉朝开始的。《史记·高祖本纪》中讲到，刘邦的母亲刘媪梦与龙交合，怀孕生下了刘邦。刘邦的相貌奇特，有些像龙。自刘邦以后，后世皇帝都自命为真龙天子。

◎ 清代龙旗

既然皇帝是龙，那么与皇帝有关的一切，就都可以用“龙”来称呼了。比如，皇帝的身体叫龙体，模样叫龙颜，皇帝即位叫龙飞，皇帝穿龙袍、坐龙椅、乘龙船、坐龙辇，皇帝死去叫龙驭宾天。

由于龙与皇权的密切关系，在封建社会，龙纹成了皇帝才能用的符号。

清朝皇帝的龙袍上，一般绣有九条金龙，从前面或后面看都是五条金龙，合“九五之尊”的帝王称号。而皇帝的家——故宫简直就是一座“龙窟”，故宫建筑群到底有多少龙，恐怕没有人能说出准确数字。

◎ 北海公园的九龙壁(局部)

然而，只有皇家能铺天盖地地堆砌龙符号，普通人一旦僭越使用，就会遭受杀身之祸。明代画家戴进就是因为画了一幅《水母骑龙图》而丢了性命。

第六节 龙蛇之变

在人类眼中，蛇是一种比较可怕的动物，于是，自然对它由畏生敬，蛇也因此成为人类膜拜的图腾之一。

蛇图腾遍及全世界，中国也不例外。上古传说中，人类的不少祖先都是蛇身人面的形象，如伏羲氏、女娲氏、神农氏、共工氏等。在汉代画像石上，我们见到的伏羲、女娲的画像为半人半蛇，他们下半身的蛇躯紧密地缠绕在一起。考古发现，早期出土文物中常见蛇的纹样，如仰韶文化的陶器上便有蛇的图案。

按照闻一多先生的见解，中华民族的龙图腾，是氏族公社时期以蛇为图腾的氏族兼并了别的氏族，吸收了其他氏族图腾的部分形象后形成的。

蛇王崇拜

蛇王崇拜是后人延续了先祖敬蛇心态的典型表现，我国不少地方都建有蛇王庙。关于蛇王身份的来历，不同地方的说法有所差异。江浙一带以明初大臣方孝孺为蛇王，福建省有的地方则认为蛇王是一个僧侣，而在福建南平县樟湖镇，流传着这样的蛇王传说：

蛇王姓连，原是一条大蟒蛇。经过修炼得道于古田的再见岭，荫庇一方。某年樟湖地区发生可怕的大霍乱，死了很多乡民，后来派人向蛇王求助。次日一条大蟒蛇突然出现于樟湖天空，口吐焰火，驱除了瘟疫。乡民得救，后立庙奉为菩萨，还将每年农历七月初七作为蛇王节。

民间还有给蛇王过生日的习俗，这在清朝文献中有所记载。相传蛇王生日在农历四月十二，每年此日，蛇王庙中进香的人络绎不绝，据说将讨来的符箓贴在窗户上可避蛇害。关于四月为蛇王的生日，民间还有一种解释：因为四月是晒麦的季节，农民们祭蛇，是为了向它祈求晴天，方便场上晒麦。

蛇灵禁忌

人类学家指出，禁忌是人为了避开对自己可能有危险的事物而采取的一种自卫措施。对于蛇，民间有许多禁忌。

首先忌讳直呼其名，而代以称之为蛮家、苍龙、天龙、狐仙、大仙、祖宗蛇、家龙、老溜等；许多地方忌说“蛇无脚”，害怕蛇真的长出脚来追人；忌见蛇交配，若是有人在路边看见几条蛇绞在一起，往往赶紧揪掉身上某个纽扣丢去，表示忏悔，然后走开，当做什么也没看见；忌用手指蛇；忌见蛇蜕皮，民间有“看见蛇蜕皮，不死脱层皮”的说法；有的地方认为，见到蛇跌落掉地或蛇出洞是不吉利的，有“男怕跌蛇，女怕跌鼠”之说；苗族人忌讳在接新娘途中看到蛇从前面经过；安徽有些地方，认为梦见蛇是有人暗算的预兆；古人特别忌讳见到两头蛇，认为这是凶兆。

当然，上述禁忌是在科学尚不昌明的时代产生的，大多具有迷信色彩，下面这则民间故事便有驱散这种迷信的意义：

战国时期的楚国孙叔敖小时候曾见过两头蛇，这本来不是好兆头，但孙叔敖为了不让其他的人再看到这条两头蛇而遭殃，就把这条蛇打死埋葬了。孙叔敖回家后闷闷不乐，母亲问他原因，他把事情原委告诉了母亲，母亲说："不要担心，你做了一件好事，会有好报的。"这个故事说明孙叔敖小小年纪就能为他人着想，后来他成为楚国的一代名相，也在意料之中。

吉祥蛇俗

在中国文化中，蛇的形象并不全然是令人恐惧的，民间也将蛇视为吉祥的象征，认为蛇能保家中平安，带来财富。

送蛇习俗流行于青海地区，当地人以家中有蛇为吉利，绝不可将其杀死，倘若想避开它，可将其捉入罐中或挑在长杆上，送到山谷中，并求其躲进山洞。福建闽南一带，如果蛇进了谁家，人们认为它是祖先派来巡视平安的，不准打杀。

在山西、陕西等地区，流行捏"蛇婆婆"的习俗。妇女们用发酵的白面盘成蛇状，用两粒高粱当蛇的眼睛，再在蛇嘴里放一枚铜钱。钱为财，蛇为绳，取发财致富之意。陕西黄陵县还有捏"蛇盘两颗蛋"的习俗，当地还流传着关于这一习俗来历的传说：

从前，有一个很贤惠的媳妇，在田野里救了一条受伤的小花蛇，便带回家养到粮仓里，没过多久，受伤的小花蛇伤好了，为了报答她的救命之恩，生下两颗蛋就消失了。这两颗蛋孵出两条小蛇后，发生了奇迹，粮仓里的粮食总是吃不完，老是满满的，这引起了她公爹的怀疑。他查看粮仓，发现仓内有两条小花蛇，便不由分说地把两条小花蛇打死了。没想到他家从此一天天衰败下来，最后变得一无所有。此后黄陵人再也不敢打蛇，人们把小花蛇视为家神和财神，为了祈它保佑，每年正月填仓节和重阳节庆丰收时，便用面捏成“蛇盘两颗蛋”馍，作为吉祥物放在粮仓里。

蛇化人形

中国民间流传有不少蛇化人形的传说。蛇虽是人敬而远之的动物，但是它幻化成的人物形象却大多和蔼可亲。

在少数民族故事中，蛇常化身为男性形象。如傣族有“四脚蛇阿銮”的故事，苗族有“蛇郎和阿宜”的传说，土家族有“龙郎和秋娥”的故事，在这些故事中，蛇郎都是青春、力量与奋斗的象征。

汉族也有关于蛇郎的民间故事，可是它远没有美女蛇的故事吸引人。在《西游记》和《聊斋》之中，都有关于蛇精的故事，大概是由于蛇的身姿曼妙，带有神秘的美感，传说中的蛇精也大多美貌异常。

◎ 木雕画《白娘子水漫金山》

不过，中国最有名的蛇精，还要数《白蛇传》中的白娘子。《白蛇传》与《梁祝》《孟姜女》《牛郎织女》并称“中国四大传说”，它的故事在民间不断流传，被各种地方戏曲演绎，历久不衰。

《白蛇传》讲述了白蛇幻

化成的白娘子和凡人许仙的爱情故事，白娘子虽非人类，却温柔多情、端庄典雅，又拥有法力，侠肝义胆，几乎是完美的化身。她为爱情奋不顾身、甘心受难的牺牲精神，让千百年来令无数人扼腕叹息、感慨不已……

20 世纪 90 年代，我国台湾地区根据《白蛇传》拍摄的电视连续剧《新白娘子传奇》，也成为电视荧屏上的经典之作。

龙蛇之变

大概与对蛇的回避心态有关，中国人普遍习惯把蛇称作“小龙”，生肖属蛇的人也常自称属“小龙”。

汉代画像石中，伏羲、女娲是人首蛇身的形象，古书中也有“伏羲鳞身，女娲蛇躯”的记载，由此可知，古人并没有将龙和蛇分得很清楚。

东汉《论衡·讲瑞篇》说：“龙或时似蛇，蛇或时似龙”，可见龙蛇相互变幻非常容易。湘西苗族地区还流传着一个龙蛇变化的故事：

龙本来是为苗家降雨除旱的，但有一回降错了雨，被玉皇大帝贬为蛇，关在一眼水井中，眼睛也瞎了。

六月初六这一天，有一个名叫琅珞的唢呐手到井边打水，打了几次，每次打上来的都是一条蛇。琅珞对蛇说：“蛇呀蛇，莫缠我。今天你是蛇，明天就成龙归位了。”蛇听了这话很高兴，朝琅珞点了三下头，钻到了井水之中，琅珞吹起唢呐欢送。几天后，琅珞又救了一条红鲤鱼，放回河里，这条鲤鱼是被贬的龙的女儿。

因为琅珞的吉言，那条被贬为蛇的龙真的“成龙归位”，被玉帝封为东海龙王。龙王知恩图报，派女儿去邀请琅珞，经过一番周折，琅珞被请入水晶宫。

三年后，因思念苗山，琅珞执意离开，龙王送他珍宝，他却不要，只要了龙宫中的一条小狗。没想到回到苗山后，小狗变成一位美女，原来它是曾被琅珞搭救放生的红鲤鱼，也就是龙王的三公主变幻而成的。后来，琅珞和三公主结为夫妻，恩爱美满，又把老龙王接到苗山，一起过着幸福的生活。

由于龙和蛇都有变幻无常、神秘莫测的特点，庄子将龙蛇与大人物相比："无誉无訾，一龙一蛇，与时俱化，而无肯专为。"

有人说，蛇能够取得在中国文化中的崇高地位，是因为它与龙相似。此言差矣，要说蛇依附于龙，倒不如龙依附于蛇来得真切。因为，龙是虚拟之物，而蛇却是自然界真实存在的，而龙的许多特点，都是以蛇为依据幻化出来的。

第七节　天马行空

马最为人所称道的，自然是它的脚力。古人曾幻想一种奔走如飞的马，唤之曰"天马"。《山海经·北山经》中如此描述"天马"：

"又东北二百里，曰马成之山，其上多文石，其阴多金玉。有兽焉，其状如白犬而黑头，见人则飞，其名曰天马，其鸣自訆。"

古人向往着天马，却无缘得见，在看到了世间日行千里的极品马之后，便不禁惊呼其为“天马”，这件事情发生在汉武帝身上，这种极品马就是汗血宝马。

后来，汉武帝为了夺取汗血马，还与它的产地——西域大宛国发生过两次血腥战争。汉武帝为汗血宝马兴师动众，使它得到了“世间天马”的美名，被文人墨客豪情万丈地演绎着，唐代著名诗人李白就写有《天马歌》：“天马出来月氏窟，背为虎纹龙翼骨，嘶青云，振绿发，兰筋权奇走灭没。”宋代司马光也写过一首《天马歌》：“大宛汗血古共知，青海龙种骨更奇，网丝旧画昔尝见，不意人间今见之。”

1969年10月，在甘肃武威，东汉灵帝时期的张姓将军墓，出土了一件青铜艺术珍品：一匹铜奔马昂首嘶鸣，长尾飘舞，三足腾空，右后足踏在一只飞鸟身上，鸟惊恐回望，说明马的速度让鸟儿都反应不过来。这就是由郭沫若命名的珍贵文物——马踏飞燕。人们推断，马蹄下的飞禽并不是燕子，而是古代传说中的龙雀（即“风神”），而速度超过风神的马肯定不是凡马，正是传说中的“天马”。

◎《千里马》徐悲鸿作 徐悲鸿纪念馆提供

马喻良才

世间的马不计其数，但千里良驹却屈指可数，不然汉武帝也不至于大动干戈去夺取西域的汗血驹。古话说："千金易得，良将难求"，人才与千里马一样难得。

清朝龚自珍诗云："九州生所恃风雷，万马齐喑究可哀"，诗句描绘的正是缺乏人才的沉闷局面。以千里马来比喻良才，大概是从两千四百多年前发生的一个故事开始的。

战国时期，各国的君王竞相招揽人才，以求国家的稳固长久。燕昭王也不例外，准备以谦恭虚心的姿态和优厚的报酬来吸引优秀人才。

燕国有个叫郭隗的臣子，他向昭王讲了一则关于千里马的寓言：从前有个君王想花千金求一匹千里马，三年过去了，一直未能如愿。门人便主动请战，表示自己可以弄到千里良马。国君派他去，他三个月就找到了千里马的下落，但是马已经死了。门人拿出五百金买下了马的骨头，回来交差。国君生气地说："我要的是活马，你怎么花五百金买回一堆枯骨？"门人答道："是啊，今天我替大王花五百金买下千里马的骨头，那一匹活生生的千里马就不知多昂贵了。天下人由此知道大王这样看重千里马，还愁别的千里马不纷至沓来吗？"

郭隗讲到这里，话题猛然一转，联系到了自己："今天，大王要是真心求贤招才，那就先重用我郭隗吧。连我这样不怎么杰出的人才都受到了重视，那些比我强得多的贤才就更不用说了。千里马一旦打算投奔谁，再远也会自动前来。"于是，燕昭王就起用郭隗做了重臣。果然，不到一年，士人投奔燕国就越来越踊跃了。

世间并非没有千里马，但倘若它遇不到慧眼伯乐，一生也只能困于马厩，日行千里的本领无从施展。唐代韩愈的《马说》云："世有伯乐，然后有千里马；千里马常有，而伯乐不常有"，表达的正是诗人自己怀才不遇的沮丧与痛苦。

龙马精神

今天，我们常用"龙马精神"来形容中华民族所崇尚的自强不息、奋斗不止的进取精神。

"龙马"是什么？实际上，龙马并非现实中存在的动物，而是古代民间信仰的产物，它出生于水中，或者马首龙身，或者马身龙纹，马的身上有龙的神韵。

龙马信仰是中国龙文化和马文化相融合的产物。龙这种虚拟的神物，与许多现实中的动物都有关系，其中之一便是马。在古人的心目中，龙马可以互化。《周礼》中说："马八尺以上为龙"，《山海经》里也有："马实龙精"的说法。

◎ 剪纸马

民间在画龙首时，要模仿马头，据说龙身的一部分也取自马体，而今，老百姓中间还流传着"是马三分龙"的说法。又如《西游记》中唐僧骑坐的白龙马，也是西海龙王之子小白龙化成的。

古时候，龙马的出现被认为是君主仁德的象征，太平盛世的标志。随着时间流逝，它所代表的内涵有所演变。今天，由于龙马有着刚健、明亮、热烈、高昂的形象，有着雄壮无比、追月逐日、乘风御雨、不舍昼夜的能量，因此，它就成为中华儿女克服困难，永远前进的精神的象征。

马神崇拜

在古代，不管是官方还是民间，都要祭祀马神。周代时，官方的祭祀制度是“春祭马祖，夏祭先牧，秋祭马社，冬祭马步”——马祖是天上的星宿名字，也就是天驷星；先牧是开始教人牧马的神灵；马社是马厩中的土地神；马步是给马带来灾害的灾神。

汉族民间还信仰被称为“马王爷”的马神。马王爷是与马有关的行业，如骡马驴商贩、马帮等的行业神，此外，他还掌管民间纠纷。有趣的是，中国的酱园业和糕点业也将马王爷奉为行业神之一，至于原因，已经没有人能说清楚了。过去在北京，还有许多马王庙或马神庙。

据说马王爷是西汉时期投降汉族的匈奴王子金日磾(dī)，他身高八尺二寸，汉武帝时担任马监，后来被民间神化为四臂三目、相貌狰狞的马王爷。所以今天有俗语说：“马王爷三只眼。”此外，也有人以殷纣王之子殷郊为马王爷。

养蚕神，马头娘

中国的养蚕人以“马头娘”为行业神。马头娘的形象一般是一个骑马的女子，有时也会是一个身披马皮的女子，她的来历是怎样的呢？《搜神记》中有这样一个故事：

很久以前，有一个女孩，因为父亲外出参军打仗，她一个人在家，非常想念父亲，就跟家里的马开玩笑说："如果你能把我的父亲带回来，我就嫁给你。"结果马真的把他的父亲驮了回来。父亲知道了事情的经过之后，就把这匹马杀了，并且把马皮挂在墙上。一天，这个女孩坐在马皮旁边，跟邻居家的女孩一起玩，马匹竟然卷着这个女孩飞走了。很多天以后，人们在大树间发现了女孩和马皮，但是都已经化成蚕了。从此以后，人们祭祀马头娘来祈求养蚕兴旺。

第八节 羊示吉祥

在中国文化中，因为羊有着诸多美好之处，它自然而然地成为吉祥的象征。

◎ 剪纸羊

在古代，"羊"和"祥"两字通用，古器物铭文上，"吉祥"大都写作"吉羊"。2008年北京奥运会的吉祥物之一——可爱的"迎迎"就是一只机敏灵活、驰骋如飞的藏羚羊。

由于羊寓意美好，它的形象常出现在民俗活动中。

古人有年初在门上悬羊头的习俗，据说这样能够防患盗贼。

在婚礼等喜庆的场合，更少不了羊的身影，在青海民和、乐都、湟中等地区，有一种叫作"歃羊酒米"的习俗。男女结婚在女方家办酒席时，男方要送一只羊或一些肉过来，称为"歃羊"，意思是男女双方歃血定盟，永结同心。

北方的蒙古族、哈萨克族、柯尔克孜族、锡伯族等少数民族也有与羊有关的婚俗。如蒙古族的"许婚筵"，蒙语叫作"不兀勒扎儿"，意思是"羊颈喉"，羊颈喉的肉坚韧耐嚼，象征夫妻双方牢不可分，百年好合。

古时生活用品和艺术品也广泛使用羊形象作为装饰，流传下来的精品有商周时期的四羊方尊等。

取羊的吉祥之意，全国以"羊"来取名的地方数不胜数，其中最大最有名的当数"羊城"广州了。广州，古称"五羊城"，关于这个名称的来历，还有一个传说。

周朝的时候，南海来了五位仙人，穿着五色衣，骑着五色羊，他们到了广州一看，一片荒凉，于是将每茎六穗的稻谷留在这里，之后腾空而去，留下的五只羊化为石头，于是广州有了"羊城"的美称。据说从那以后，广州城才开始开垦种地，并成了富饶的南国鱼米乡。

◎ 夕阳下的五羊雕塑 李躏雯摄

“羊”字还有一层吉祥含义，那就是“羊”也与“阳”谐音，在古代，两字还能通用，因而羊有时也被用来代表“阳”。农历羊年来临的时候，人们常用“三阳开泰”来表达新年祝福，它的意思是大地回春、万象更新。民间艺术作品也常以三只羊仰望太阳来表达“三阳开泰”的美好寓意。

祭坛上的羊

由于“羊示吉祥”，古时候作为人际交往时的馈赠佳品的羊，也顺理成章地成为人类敬献给神灵、上天和祖宗的礼物。

羊是中国古代最重要的祭品之一，它在祭祀仪式中的地位仅次于牛。商周时代，祭祀分不同等级，最高等级是“太牢”，要献牛、羊、猪三种祭品，而第二等级是“少牢”，要献羊和猪两种祭品。可见，羊在祭祀大典中总是不可或缺的。

有关商王室对武丁祭祀的文献中提到了“卜用百犬、百羊”，“十五羊”，“五十羊”等，由此可见，当时羊作为祭祀的牺牲用量之大。

今天，以羊作为祭品的现象在汉族中已不常见，但在少数民族地区仍然普遍存在。蒙古族的祭祀，最隆重的是祭敖包。祭敖包的仪式有血祭、酒祭、火祭、玉祭四种，其中的血祭就是杀羊祭祀，火祭是把羊头或羊蹄投入火中。

◎ 西晋时期陶羊尊 韩冰摄

对藏族人来说，羊是新

年祝福的祭品，所以在过藏历年时，人们总不忘供上一只用酥油或陶瓷做成的羊头，来祝福新的一年风调雨顺。

羊图腾

羊也是中国上古时期流传很广泛、影响很深远的一种动物图腾。

中国古老的民族“羌”就是以羊为图腾的原始部落。原始羌人是分布在今天青海河湟一带的游牧民族。根据学者考证，甲骨文中“羌”字的字形就是对一个头戴羊角的人的形体的模拟，可见，原始羌人有头戴羊角的图腾风俗。

中国古代的夏、商、周三朝的部族都与古代羌人有着密切的关系，因而三朝文化都有很明显的羊图腾文化印记，现在保存的这三个朝代的出土文物中有大量羊形或者带有羊纹的青铜器。

羊图腾崇拜在今天一些地区和民族还有遗留。在青海河湟地区，民间仍流行一种老羊歌娱神舞蹈，表演者头戴羊角帽，身穿羊皮袄，面部画山羊胡，在跪拜进香之后，表演者就被认为具有了羊神的神力。

羌族作为古代羌人后裔中的一支，也有一系列崇拜羊的习俗。比如羌族人祭祀活动中常用羊做祭品，羌族祭祀时主要的舞蹈形式是羊皮鼓舞。羌族巫师所戴的帽子有两个角，且用羊皮制成，巫师所持法器也全是用羊角、羊皮、羊骨等制成的。羌人死后，要杀一头羊为死者引路，俗称为“引路羊子”。

羊为神兽

随着时间的推移,作为图腾神物的羊逐渐演化成为汉族人心目中掌管特定职务,或者具有某种特异功能的神兽。

孔子曰:“土之精为羊”,也就是说,羊曾被认为是土神。在先秦时期,流传着“穿井得羊”的奇异故事,讲的是有人在打井的过程中,没有见到水,挖出的土堆中却出现了羊。古时候,陇州汧源曾有土羊神庙,祭祀“土羊之神”。关于这个庙的来历,也有一个传说——

在陇州汧源,秦始皇曾看到两只白羊相斗,就命令下人追逐,追到一个地方时,这两只羊化成了土堆。当秦始皇赶到这个地方,看到有两个人拜倒在路边,说:“我们并不是人类,而是土羊之神,因为您来到这里,所以特意来拜见。”说完就消失不见了,秦始皇于是下令在这个地方建了一座土羊神庙。

羊与石头也有着不解之缘,在民间传说中,羊与石常能互化。闽台地区就流传着一个“张圣君化石为羊”的故事。

张圣君年轻时,有一次为了与其他人比试法术,将石头化成羊群并驱赶着它们前行。途经河边时,他遇到一个正在用黑炭洗白色衣服的女子,就好奇地问道:“你这样洗怎么能洗得白呢?”那女子竟然说:“你用石头变羊又如何走得动呢?”话音刚落,张圣君赶的羊儿就一只也不动,全都变回石头了。原来那以炭洗衣的女子是观音所化,在她的点拨下,石头恢复本相,至今这些石头还匍匐于一个叫“仙寄岩”的地方。

故事中的“张圣君”是道教神灵,古时候羊还有个有趣的别名叫“白石道人”,可见羊石互化的观念大概跟道教文化有关。

唐代志怪小说《柳毅传》，讲的是书生柳毅和龙女的爱情故事，其中也提到了一种神羊。柳毅第一次与龙女见面时，龙女正在牧羊，这些羊与普通的羊在外貌上并没有差别，但是“矫顾怒步，饮龁甚异”。柳毅觉得奇怪，就问这些羊是做什么用的，龙女答：“非羊也，雨工也。”柳毅追问：“何为雨工？”龙女答：“雷霆之类也。”在这个故事中，羊就是掌管打雷下雨的神兽。

上古神话中还有一种会判案的独角神羊，名叫“獬豸”，它是司法审判之神皋陶的得力助手。传说当皋陶遇到不能决断的案件时，就把獬豸牵到犯罪嫌疑人面前。如果嫌疑人有罪，獬豸就会用独角抵他，假如无罪，獬豸就不会碰他。由于獬豸具有明辨是非曲直的特性，它就成了勇猛、公正的象征。从春秋时期起，执法官员要戴獬豸冠，官服绣獬豸纹样，衙门里常画獬豸的图案。作为一种瑞兽，獬豸还成为明孝陵神道六种墓前石兽之一。此外，它的形象还经常出现在封泥和画像石上。

第九节 灵猴神通

帝喾是上古时代的五帝之一。据郭沫若先生考证，从神话人物帝喾为动物神祇猴，可以推断猴曾被当作原始图腾。他还进一步认为，猴最初是殷人的图腾，因为殷人认为，他们部族的“高祖”是猴。

我国的少数民族也有猴图腾的传统，藏族地区流传着一个“猕猴变人”的传说。

一个受菩萨点化的猕猴去雪城修法，遭到岩洞女妖罗刹女的逼婚，在征得菩萨同意后，猕猴与罗刹女结为眷属，生了六只小猴。菩萨从须弥山中取出青稞、小麦、大麦和高粱等播种于地，让小猴作为食物。小猴吃了这些粮食之后，身上的毛和尾巴都变短了，成了会说话的人。

由于传说中的猕猴宽厚善良，而罗刹女刁钻任性，藏族人至今认为，人类之所以善良和邪恶的本性共存，是因为男性祖先和女性祖先的性格都继承到了人类身上。至今，在藏族盛大庆典的“跳神”仪式中，仍保留着头戴猴王面具的舞蹈。

四川羌族的祖先神话《木姐珠和冉必娃》，则讲述了这样一个故事：

当初猿子冉必娃为了与天上阿爸（天神）木巴的女儿木姐珠结合，在一天之内烧了好几条沟的火地，当大火烧到自己时，冉必娃双臂紧合，一手护住头顶，一手护住阴部，结果大火烧掉了全身的猴毛（只在腋窝、头顶和阴部留下少许），冉必娃变成了美男子，成了羌人的祖先。

羌族村寨每逢大事，如祭祀或者婚丧嫁娶，全寨人都会聚在一起，倾听巫师吟唱记述民族历史的故事，其中肯定要唱到《木姐珠和冉必娃》这段。且歌且舞的巫师头上所戴的，也是金丝猴毛制成的帽子。

汉族地区的猴图腾崇拜虽不像少数民族一般证据确凿，但是也留有一些遗迹。在四川成都流传着下面这则神话：

人类始祖伏羲和女娲最初也是猴子，与其他猴的不同之处是他们身上没长毛，会用树叶遮羞，会站起来走路，双手还会比比画画地交流，于是盘古王将他们从猴群中挑出来，让他们成亲并繁衍人类。

在河南淮阳，每年农历二月二到三月三的人祖伏羲朝拜庙会上，很多人都会去买一种叫“人祖猴”的猴面人身泥偶，“人祖猴”有抱膝猴、穿衣猴等种类，据学者考证，这也是古代猴图腾的遗俗。

吉祥小猴

大概与远古的图腾崇拜有关，今天，猴仍被认为是一种吉祥的动物，能够佑福辟邪。

在山西、陕西、内蒙古等地的农家炕头上，常有一个用青石雕刻的小石猴，母亲将一根红绳系在石猴腿部的圆孔上，另一头拦腰拴住六七个月刚学爬行的婴儿。当地人相信，猴能保佑娃娃平安，还有助于他长大后精明能干。云南纳西族一些地区，每当小孩出生，就在婴儿帽上缝一条猴尾，据说可以祈福辟邪。

◎ 白云观石猴浮雕

在北京著名道观白云观，庙门内的弧形石雕下方有一石猴浮雕，老百姓认为摸一下石猴可以去病消灾、延年益寿，于是竞相触摸。

此外，由于“猴”与古代爵位“侯”谐音，有“封侯”的象征之意，民间剪纸和年画常取这一含义：倘若猴和马同时出现在一幅作品中，其寓意是“马上封侯”；一只猴爬在枫树上挂印，其寓意是“封侯挂印”；一只猴子骑在另一只猴子的背上（“背”与“辈”同音），即表示“辈辈封侯”。

猴子爱吃桃，而桃子象征长寿，所以民间剪纸中也常见“猴桃瑞寿”的图案，取健康长寿之意。倘若是一只猴子蹲在桃树上，两只手臂弯伸在耳朵两侧，宛似一对蝠形，“蝠”与“福”同音，其寓意就更美好了，为“福寿双全”。

说到以猴子为素材的剪纸艺术品，有一幅作品不可不提。1959 年，在新疆吐鲁番高昌故址一处墓葬中，出土了五幅南北朝时期的剪纸，根据考证，它们距今一千五百多年，是我国现存最早的民间剪纸。在这五幅剪纸中，有一幅是“对猴团花”，图案是八对顽猴双双相背而又相顾而视，每对猴子两尾相接，一爪相牵，另一爪则高高举起，与外圈的锯齿纹相连，生动而简练，艺术造诣颇高。

◎ 对猴团花剪纸

齐天大圣孙悟空

说到猴，大多数中国人最先联想到的，一定是孙悟空。在《西游记》中，孙悟空的通天本领和侠肝义胆让人钦佩又崇敬，有些地方干脆将小说中的“齐天大圣”上升为神格，希望神通广大的它能保佑当地人平安幸福。

根据古书记载，在清朝时候，中国的扬州、潮州等地都有供奉齐天大圣的习俗。

◎ 《悟空师徒西天取经》檐画

今天,这种习俗在福建省顺昌县仍然存在。在顺昌县,有许多供奉齐天大圣的神坛和庙宇。顺昌郑坊峰岭村的村民还以农历七月十七为齐天大圣生日,每年的这一天,全村老少都要聚在该村的齐天大圣殿里为它庆祝寿辰。

今天,膜拜齐天大圣的习俗,在我国台湾仍很普遍。台湾的很多寺庙都供奉有齐天大圣,虽然多数时候它是与观音菩萨供在一起的,但仍有十几座以齐天大圣为主神的寺庙。有不少人还把齐天大圣请回家中来供奉。如果小孩面黄肌瘦,营养不良,大人就认为他得了"著猴病",必须去大圣庙祭拜才能痊愈。

看过《西游记》的人都知道,"齐天大圣"不过是孙悟空自封的名号,玉皇大帝封给它的真正官位是"弼马温",职责是在天宫御马监养马。人们常说"艺术源于生活",在吴承恩笔下,孙悟空官封"弼马温"的情节,就是以当时百姓相信猴能避马瘟的习俗为依据的。

相传旧时马厩上总要系上一只猴子,作用是避邪、去除瘟病、守护马匹安全。过去,中国西南高原上的商人,在驱赶马帮长途贩运时,常带一只猴子同行。据说,猴对骡马的疾病很敏感,常能发现病马,所以商人们住店前总是先让猴子嗅一遍,无疫情才安置马匹。今天,在陕西、甘肃、山西一带,特别是陕西的渭南地区,村村都有拴马石桩,许多拴马桩的顶端都雕有石猴,称"避马瘟"。

猴不仅能保证马的健康,在一些地方,人们认为它还能保护航海安全。

过去,在三门峡、陕县一带的古渡口,木船靠岸系绳的木桩顶端都要雕一只猴子。有人说,这种习俗的由来也跟孙悟空有关,因为孙猴子水性好,能潜入东海大闹龙宫,所以敬它可保人船平安。

猴节猴祭

全国各地，关于猴的习俗还有不少。

比如贵州省荔波、独山一带的布依族有“猴节”。农历二月初二这一天，人们带着节前准备的“香藤粑”，涌上山顶唱歌狂欢，孩子们像山猴一样满山乱蹿，山野沸腾起来。妇女们还要晒种、选种，男人们检修农具，猴节一过就要下地忙农活了，所以猴节又称“动土的日子”。

我国台湾高山族的一个支系卑南人有“猴祭”习俗，“猴祭”是男孩十二三岁时的传统祭祀仪式，通常在十一月早稻收成后举行。祭祀仪式以杀猴为主要环节，目的是培养少年的胆识。之后还要举行葬猴仪式，目的是禳灾辟邪。在杀猴和葬猴的过程中，人们都要唱猴祭歌。

种种与猴有关的习俗，都表达了中国人对猴的喜爱之情，也印证了中国人对猴的崇拜之意。

第十节 金鸡报晓

雄鸡每日定时报晓，这令古人觉得疑惑难解，于是在他们心目中，鸡与太阳有了神秘的联系。太阳为何每天东升西落？

这对古人来说亦是难题，他们便开始发挥想象力——是鸟儿驾驭着太阳在空中翱翔。

古时候曾有两种禽类被认为是载日、居日的太阳神鸟，雄鸡顺理成章地成为其中之一，陆佃曾在《埤雅》中提道："旧说日中有鸡，月中有兔。"与雄鸡一样荣为太阳神鸟的另一种禽类，是三足乌鸦，称为"阳乌"，汉代画像石上常见阳乌的身影。

古代传说中还有一种"天鸡"，李白曾在著名诗篇《梦游天姥吟留别》中提到过它："半壁见海日，空中闻天鸡。"关于"天鸡"，曾有这样一个传说：

◎ 工艺品鸡

某地东南方向有一座桃都山，山上有棵名叫"桃都"的大树，这棵树高大粗壮，枝叶能够伸展到三千里之外，天鸡就在这棵大树上栖息。太阳刚刚升起的时候，阳光照到这棵树上，于是天鸡打鸣报晓，天下的凡鸡都应声而啼，把太阳升起的消息传遍四面八方。

鸡跟太阳的联系，也反映在了民俗上。过去，在我国华北地区，尤其是北京，在每年的农历二月初一要过"中和节"祭祀太阳，供品是太阳鸡糕。太阳鸡糕是用米做成的，糕面上印着日中金乌或者直接印鸡的图案，人们将它买回家，为太阳神供上三五个，供完之后由人食用。

辟邪金鸡

天下一切污秽之物，都惧怕太阳，而鸡作为太阳神鸟，自然能够驱鬼辟邪。

早在先秦时期，古人就有用鸡和鸡血驱邪的活动。清代学者袁枚在《新齐谐》中提到“鬼畏鸡鸣”：“鸡叫一声，两鬼缩短一尺，灯光为之一亮。鸡三四声，鬼三四缩，愈缩愈短，渐渐纱帽两翅擦地而没。”民间对“鬼畏鸡鸣”说法深信不疑，老人们经常会这样告诉小孩子：晚上如果遇见了鬼，只要学鸡叫就可以把它吓跑。

今天，河南一些地方也还有杀鸡吓鬼的习俗，据说农历十月初一这天阎王爷放鬼，到来年清明节收鬼。老百姓认为鬼怕鸡血，于是届时杀鸡，使小鬼不敢进自己家门。

古时民间还有在门上贴鸡画来辟邪求吉的习俗。南朝宗懔在《荆楚岁时记》中如此记载：“正月一日……贴画鸡户上，悬苇索于其上，插桃符其傍，百鬼畏之。”此外，正月初一贴鸡画据说还有一个原因——这天是鸡的生日。

因为鸡吃虫，古人还认为鸡能避毒虫。在《西游记》中，就有昴日星官变成双冠子大公鸡，降服蝎子精的情节。在陕西一带，每年谷雨前后，各家各户都会贴《鸡王镇宅图》，并在谷雨这天早晨收集露水研成墨汁，在纸上画一只红冠公鸡，嘴啄一只蝎子，蝎子身上涂上红色颜料代表血迹，表示已被杀死。

浙江金华地区的百姓流行在端午节这天给小儿佩戴鸡心袋。鸡心袋用红布缝制而成，里面装有茶叶、米和雄黄粉，据说可以驱邪祈福。

吉鸡寓祥

旧时河北、山东等地的婚俗中，以长命鸡为象征吉祥如意的聘物。临近嫁娶,男方备红公鸡一只,女方备肥母鸡一只,母鸡表示新娘为“吉人”。出嫁时,女方所备的鸡一定要由自己未成年的弟弟或家中其他男孩抱着,随花轿出发,并要在公鸡未啼鸣之前赶到男家,寓以气势压倒公鸡,今后不受男人欺侮之意。男家将公鸡交给抱鸡人,由抱鸡人把这两只鸡一起拴在桌腿上,并不时打公鸡,直到公鸡有气无力,民间认为这是妻子以后制服丈夫的象征。这两只鸡不得宰杀,故称“长命鸡”。

在东南沿海一带还有“以鸡代婿”的习俗,又称“公鸡拜”。成婚当天,如果新郎出海还没有回来,男方家就用一只红公鸡代替新郎拜堂成亲,这只鸡被称为“吉鸡”。

陕西、山东等地,有立春日给小孩佩戴“迎春公鸡”的习俗。迎春公鸡又叫春鸡,是年轻妈妈用碎布缝成的小公鸡状的佩饰,戴在孩子身上,寓意春吉。

◎ 剪纸鸡

由于鸡象征“吉”,头上之“冠”又与“官”谐音,所以民间艺术作品,甚至画家的画作常以鸡为图案,取其美好寓意:画一只鸡站在大石头上,寓意室中大吉;鸡旁画一棵橘子树,寓意是吉上加吉(“橘”与“吉”音相似);将雄鸡与鸡冠花画在一起,便是一幅“官上加官图”,以祝升迁、腾达;画一只雄鸡与五只鸡雏相戏于窠,以“窠”谐

"科",谓之"五子登科",暗喻科举考试中金榜题名。

鸡还被当作生命力的象征。民间常把小男孩的生殖器称为"鸡鸡"。清代陕西凤翔年画《人过七十古来稀》中,画着一位老翁抱着小孙子,用手抚弄着小孙子的生殖器,画旁有题字:"人过七十古来稀,抱着孙孙手摸鸡。"

中国民间还有一种比较常见的剪纸造型——"抓髻娃娃"。它是鸡和娃娃的图案组合,抓髻娃娃头上有双鸡,肩上有双鸡,膝下有双鸡,双手举鸡,可以说全身上下到处都是鸡。抓髻娃娃常被贴在新婚夫妇的新房门窗上。据学者考证,它是生殖崇拜的产物。

鸡与凤凰

中国文化中,凤凰是一种极为尊贵的动物,它常与龙成对出现,谓之"龙凤呈祥"。在封建社会,皇帝和皇后便被比做龙凤。

◎ 太庙内的石雕凤

凡间的鸡与想象中的神物凤凰相比,似乎相差太远,可实际上两者却有着极密切的联系。《山海经》记述"**有鸟焉,其状如鸡,五彩而文,名凤凰**",实际上,鸡是凤凰形象的重要取材对象之一。《说文》中也提到,凤凰形象中的长喙尖嘴取自于鸡。古书《乐叶图》称"**凤凰至,冠类鸡头**",意思是说,凤凰头上的冠类似于鸡冠。古书《桂海禽志》则记载了一种凤,它的颈毛类似雄鸡。此外,雄鸡与凤凰还有一点相似,那就是两者都善鸣。

中国有些俗语也提到了鸡和凤凰的关系，比如“**鸡窝里飞出金凤凰**”“**凤凰落架不如鸡**”等，说的就是，出类拔萃的鸡会升格成为凤凰，凤凰也会降格俗化为鸡。

总之，鸡与凤凰之间，有着不尽的渊源，且这种缘分，如今还在延续。比如当下饮食行当里，人们经常称“鸡”为“凤”：鸡爪是“凤爪”，鸡翅是“凤翅”，鸡腿为“凤腿”。这虽是商家的营销策略，但也是对传统文化的一种传承。

第十一节 骁勇盘瓠

在我国，畲族、瑶族、苗族、黎族等少数民族都曾以狗为图腾祖先，不过这种狗不是普通的狗，而是神奇的五色花斑狗，名为盘瓠（hù）。在晋朝干宝的《搜神记》中，记有盘瓠祖先的故事。

古代部落首领高辛帝在位时，宫中有一个老妇人患耳疾，进行医治时，医生从她耳朵里掏出一条蚕茧大小的“顶虫”，就将顶虫放在葫瓢上，用盘子盖上。不久顶虫就化作了一只狗，五色斑斓。人们称它为“盘瓠”，饲养在宫中。

当时北方戎吴部落十分强大，经常侵犯边境，高辛帝于是悬赏招募勇士，宣称如果有人能够取下戎吴部落首领的脑袋，就赏他黄金，封他爵位，并且把公主赐他为妻。

没想到不久后的一天，盘瓠叼来一个人头，送到王宫，高辛王仔细一看，正是戎吴将军的头。高辛王和大臣都很无奈，认为盘瓠虽然立了功，但它是兽不是人，不应与公主成婚。

这时公主挺身而出，表示愿意替父亲兑现诺言，嫁给盘瓠，于是就跟随盘瓠来到南山石屋中居住。

后来，高辛帝思女心切，曾上山寻访，却因为山中雾多而迷路。三年以后，盘瓠和公主生下来六男六女，在盘瓠死后，他们自相婚配。他们喜欢穿五色衣服，衣服后面都做有尾巴的形状。

母亲带他们去中原拜见外祖父，他们衣着奇怪，言语奇特，吃饭时蹲着，喜欢山野，不喜欢城市。高辛帝就顺从他们意愿，赐给他们有山川河流的封地，并称他们为“蛮夷”。

今日的一些少数民族中流传的神话与之极为相似，比如瑶族就有这样一则民间故事：

盘瓠是南越王养的一只狗，南越王打仗的时候被俘虏，他的母亲传令说：“谁如果能救王回来，就把公主嫁给他。”盘瓠救回了南越王，娶到了公主。据说盘瓠白天是狗，晚上是美男，公主与他生下了六男六女，南越王赐给他们十二姓氏。

◎ 盘瓠塑像 张青仁摄

畲族的长篇叙事诗《祖皇歌》讲述的是：

盘瓠取得敌人首级归来后，有人给它想了一个办法，把它放在金钟内七天，它就能够变成人形，好迎娶公主。可是刚到六天的时候，皇后心急，就打开金钟来看，这时候盘瓠身体已是人形，但头还没有变化过来，于是他就成了狗头人身的模样。盘瓠与公主结婚之后，生下了三男一女，高辛王分别赐他们篮、雷、盘、钟四姓，分别是今天畲族四大姓氏的祖先。

瑶族人将盘瓠称为“盘王”，认为人的生死贫富均由它掌管。每到农历六月十六，人们都要为盘王举行隆重的祭祀大典，称为“盘王节”。每逢天旱，人们也会向盘王祈祷。瑶族服饰也有图腾崇拜痕迹，他们有时把上衣剪裁得前短后长，女子的腰带故意后坠一截，这实际是在模仿狗尾巴。此外，这些民族都有不杀狗、不吃狗肉的习俗。

狗取谷种

狗对人类的恩泽，不止看家护院，在神话传说中，连人类赖以生存的谷种都是它请求天神赐予的。卫拉特蒙古人中流传着一个关于雪、狗和庄稼的传说：

很早以前，天神经常给人们下面粉，人们过着无忧无虑的生活。但是日子长了，人们便任意浪费、糟蹋面粉。有一个懒婆娘，竟然用面粉给儿子擦屁股，天神见了，一怒之下收回了面粉，从此开始在人间下雪。狗看到人们挨饿受罪，就向天神请求赐些粮食。天神看到狗对人的忠实，非常感动，就从天上扔下三个穗的粮种。从此人类有了粮种。

壮族也有类似的民间故事，故事的名字叫作“谷种和狗尾巴”：

很久很久以前，人间没有谷子，人们饿了就吃野兽和野果。后来，人越来越多，东西不够吃了，人类面临死亡的威胁。听说天上有能吃的谷子，人们就派一条九尾狗上天去寻找。

九尾狗来到天上，用九条尾巴在晒谷场谷堆上扫来扫去，使狗尾绒毛上沾满了谷粒。正当九尾狗往回走时，守护谷子的天神看见了，操着斧头追了上来。天神一口气砍断了狗的八条尾巴，狗忍着疼痛，拼命冲出天街，回到人间。

人们拿着唯一仅存的狗尾巴上沾着的谷种去播种，长出的谷穗也像狗尾巴，从此稻谷的种子就在人间传播开了。

为了纪念“狗取谷种”的恩情，不少民族还产生了狗尝新米的感恩习俗，如壮族人在每年粮食作物收获时，蒸出来的第一锅米饭要先喂狗。

天狗吃日月

日食和月食本是自然现象，可古人不了解其中奥秘，便以为是有什么动物在吞食它们。这种动物最先被认为是蟾蜍，后来成了天狗。郭沫若先生有一首著名的诗歌《天狗》：

“我是一只天狗呀！我把月来吞了，我把日来吞了，我把一切的星球来吞了，我把全宇宙来吞了。我便是我了！”

◎ 剪纸狗

天狗吃日月的想法，不仅汉族人有，苗族、傈僳族、白族、蒙古族、满族等少数民族也有，如苗族的神话史诗

《金银歌》就讲了这样一个故事：

英雄昌札在斗争中射伤了日月，人们请求天狗给日月疗伤，并且答应它，事成之后给天狗五十斤稻谷。然而，人们并没有实现自己的诺言，于是每当天狗饥饿时，它就去咬太阳或月亮，于是就会发生日食或月食。

太阳和月亮的重要性不言而喻，所以每当发生日食或月食时，人们都会想尽办法帮助它们逃脱天狗的嘴巴。浙江宁波有条谚语“**天狗吃月亮，地下放炮仗**”，湖南怀化人说“**天狗吃月，脸盆子敲缺**”，人们认为，通过放炮仗、敲脸盆等弄出的响声会吓到天狗，这样它就会把吞掉的日月吐出来。

◎《张仙送子图》清代施桢绘

我国少数民族中也有类似风俗，如蒙古族看到日食或月食，就会向着日月喊叫或者敲打铁器以赶走天狗；西藏的僜人会在巫师的带领下向着天空大喊，并且敲击竹筒为太阳和月亮驱狗。

古人认为，天狗除了有吞食日月的罪状之外，还会导致妇女不育。从前许多妇女都在家中供奉“张仙”画像，称为“送子张仙”。画上的“张仙”是一位戴角巾、穿袍服的美男子，他手执弹弓，仰头对天做瞄准状，据说他是在用弹弓去射杀“天狗”。按照北方过去的习俗，供奉“张仙”的供品除了香花酒肴，还要有一盘用生面揉成的圆球，以供他作为射杀“天狗”的弹丸。

以狗祭祀

狗还是古人祭祀时最常用的动物之一，早在周代，朝廷就设有“犬人”职务，专门负责掌管用于祭祀的狗。根据古书记载，风是天帝的使者，祭祀时需要用两条犬。三国时期也有人在书中提到，“父母死亡，杀犬祭之。”

原始巫术中，狗还常被作为避邪和诅咒之物。在民间观念中，狗是地的守护神，所以狗血被认为具有巫术功能，汉语中“狗血喷头”“狗血涂门”这些说法，其实都是源自早期巫术。

石狗和食狗

中国人既有崇拜狗的习俗，也有食用狗的习惯，有趣的是，这两种风俗在隶属广东省的雷州半岛这个地方繁荣并存。

雷州半岛有着独特的石狗文化，农村乡野、村头巷口、门前塘边、古墓祠前，只要有建筑、有大门的地方，就有石狗蹲立。据粗略统计，雷州现存的古石狗有一万五千至两万五千只，被人们称为散布民间的“雷州兵马俑”。

据说，石狗文化的源头是古老的狗祖崇拜，后来随着时代演变，石狗从图腾神物的地位下降到灵物，并一直流传下来。

狗也是人类重要的肉食来源之一。孟子云：“鸡豚狗彘之畜，无失其时，七十者可以食肉矣。”他将狗肉与鸡肉、猪肉相提并论。时过境迁，今天人们食用狗肉已远不像食用猪肉一样普遍。不过，有些地方的食狗之风还是非常盛行的，而雷州半岛堪称代表。

雷州半岛有句俗语:“狗肉滚三滚,神仙站不稳”,可见狗肉对于雷州人的诱惑力。在雷州的大小乡镇、街头巷尾,狗肉食铺比比皆是。狗肉档内,数条光鲜发亮的熟狗,被挂在显眼的地方招徕顾客,尽管狗头狰狞,狗牙毕露,但并不影响人们的食欲。食客三五成群,围在小桌旁,一盘狗肉,半瓶米酒,慢斟细酌,谈天说地,别有一番风味。

雷州人既寻求狗的庇护,又难以舍弃狗肉美食的诱惑,中国人又何尝不是如此?在狗这种生灵的身上,中国人对于神灵的实用主义态度充分显现了出来。

第十二节 亥猪送福

古人说,“无豕不成家”,可见猪对于一个家庭来说多么重要。

不过“家”字中的“豕”,不仅实指一头猪,更代表了财富。从原始父系氏族时代直到近代,猪一直是人们夸耀财富的标志。在民俗观念中,也以猪作为富裕的象征。

“肥猪拱门”是民俗艺术作品最喜闻乐见的题材之一,过去在河北,一直都有春节期间贴“肥猪拱门”窗花的习俗。这种窗花用黑色蜡光纸剪成,猪背上驮着一个聚宝盆,张贴时最好左右窗户各贴一张,有招财进宝之意。

然而,据说肥猪进门并非一直被认为是好事,早先的时候，人们曾以之为不祥之兆，民间甚至有俗语说“猪来贫，狗来富，猫来开金库”。那么，人们的观念是怎样扭转过来的呢，下面这个民间故事解释了其中缘由。

过去民间有许多禁忌，如猪进家门、黄昏鸡鸣，人们都认为是不祥之兆，一旦猪突然进家，这家人一定要割掉猪的耳朵；黄昏鸡叫，这家人肯定会杀了这只鸡。

不过，后来人们改变了这种看法。有个叫王隆的人，有猪进了他家的家门，家里人刚割了猪耳，就听说有神降临在伍氏家里，附在伍氏身上说话。

王隆就到伍家问询祸福：“猪进家门可以吗？”神回答说：“猪进门百福臻。”王隆又问：“要是割了猪耳，又会怎样？”神回答说：“你会被箭射伤。”

◎ 剪纸猪

第二天，王隆去观看别人射猪，果然被人误伤了臂膀，人们都觉得这件事很奇怪。

说来也巧，王家猪刚进门，又有沈家黄昏鸡叫。沈家也去问神，神说：“黄昏鸡叫，百福日跻。”于是，沈家的日子一天好似一天。

听说了王、沈两家发生的事情后，人们就再也不怕猪进门、黄昏鸡叫了，而是唯恐猪不进门、黄昏鸡不叫了。

亥猪送福

猪一般被人认为是一种福气多多的动物。它不用像牛马一般辛勤劳作，却不愁吃喝；它的外貌也极有福相，肥头大耳，大腹便便，一看便知养尊处优，无忧无虑。正因如此，民间认为，属猪的人也跟猪一样有好命，这是“亥猪送福”的第一层含义。

幸福与财富密切相关，既然猪是财富的象征，也顺理成章地成了福气的代表，所以民间有“**猪进门，百福臻**”的说法，这是“亥猪送福”的第二层含义。

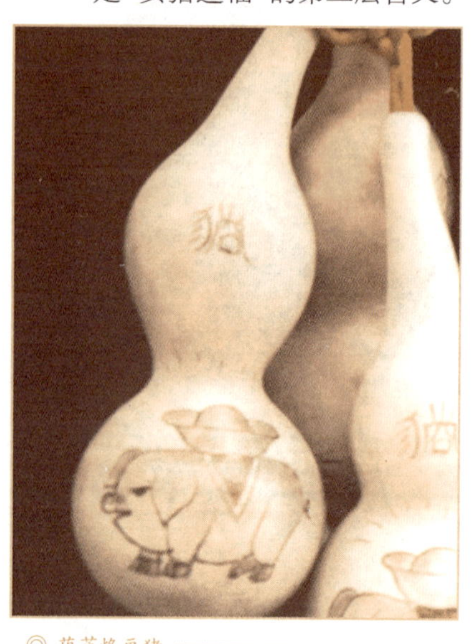

◎ 葫芦烙画猪

“亥猪”所带来的福气，还有不少种类，这在一些喜庆的民俗场合有所体现。我国台湾高山族“猪肉皮擦嘴”的习俗。小孩出生后几天，家长就用一块烧煳的猪肉皮，先擦一擦小孩的嘴，然后，全家人也用这块肉皮擦嘴。这种习俗一是说明家里添了人口，并且开始和全家人一起吃饭了；二是希望孩子将来吃上好东西，过上好日子，表达了长辈对孩子的祝福。

陕西一带有送猪蹄的婚俗。结婚前一天，男方要送四斤猪肉、一对猪蹄到女方家，称“礼吊”。女方将“礼吊”留下后，还要将猪前蹄退回。婚后第二天，夫妻要带双份挂面及猪后蹄回娘家，留下挂面，后蹄退回，俗称“蹄蹄来，蹄蹄去”，表示今后往来密切。

云南西双版纳的布朗族，在婚礼的当天，男女两家要杀猪请客。除请客外，还要将猪肉切成小块，用竹竿串起来分送各家，以示“骨肉之亲”之意。

广东潮州也有吊猪的婚俗，即迎亲时在花轿前必须吊一块肥猪肉，以保平安。

亥猪带来的福气之中，最被人期盼的当是如下这种：据传从唐代开始，殿试及第的进士们相约，如果他们中间有人今后任了将相，就要请同科的书法家用“朱书”，即红笔，题名于雁塔。由于“猪”与“朱”同音，猪又成了青年学子金榜题名的吉祥物。每当有人赶考，亲友们都会赠送红烧猪蹄，预祝赶考人“朱笔题名”。这一回，猪又成了前途和功名的使者。

猪灵崇拜

既然谈到猪，便不能不提野猪，它也为提升猪在中国文化中的地位做出了不小的贡献。别看家猪性情温顺，野猪却非常凶暴，擅长搏击。

猎人们曾给林中猛兽的气力排过队——“一猪二熊三老虎”，古人们也将所见识到的野猪的勇猛反映在了艺术品中。云南晋宁石寨山的西汉墓曾出土“二豹袭猪”扣饰和“二虎袭猪”扣饰，图案中的豹与虎虽然穷凶极恶，且在数量上占据优势，但野猪沉着应战，丝毫不惧，并未处于下风。

野猪如此神勇，古人自然而然地对之产生了敬畏和崇拜之情。上古神话中，有不少猪头人身或者人面猪身的神怪，仅

《山海经》中所记载的就有四十多个，它们无疑是古人以野猪为原型，加以想象创造出来的。在这些猪神、猪怪当中，最有名的莫过于封豨。

传说封豨生活在尧的时代，它是一头长着长牙利爪的大野猪，力气比牛还大。它盘踞在桑林里，不仅毁坏庄稼，而且吃人和家畜，桑林一带的百姓对它又恨又怕。后来，尧派羿去为民除害，羿神箭连发，射伤封豨，将其生擒活捉，百姓皆大欢喜。

凶猛的封豨还一度成为图腾，考古学家在距今六七千年的浙江余姚河姆渡文化遗址、太湖马家浜文化遗址，都曾发现以封豨为原生图腾的文化遗存。

野猪图腾

中国的少数民族很多都有猪图腾崇拜。契丹人曾生活在辽河流域，他们的民族起源神话中有这样的描述：

◎ 商代铜猪尊 王其刚摄

在遥远的年代，契丹有一位首领，头戴野猪头，身披野猪皮，住在穹庐中，无事不出庐。后来妻子把他的猪皮藏起来，他就从此隐没无踪了……这个人就是契丹始祖。

在彝族创始神话中，野猪甚至是辟地英雄之一：

相传，很久以前，格兹天神从天上放下九个金果，变成九个儿子，他让其中的五个去造天；又放下七个银果，变成七个姑娘，他又让其中的四个去造地。

造天的儿子们好吃懒做，造地的女儿们勤勤恳恳。结果，天地造出来了，却天造得小，地造得大，天盖不住地。

格兹天神让阿夫来解决这个难题。阿夫便叫三个儿子抓住天边往下拉，把天拉得又大又凹。阿夫又放下三对麻蛇，围着地箍拢来，放下三对蚂蚁去咬地边，放三对野猪、三对大象去拱地，把地拱出了高地深沟，于是就有了高山、坝子，有了大海、河流。

野猪的辟地传说不仅出现在少数民族神话中，中国先秦哲学家、道家代表人物庄子在《大宗师》中讲述的诸神创造世界的神话中，第一个出场的“稀韦氏”，就是它将天地分开，之后伏羲、日月、黄帝、西王母等神才得以施展身手。根据学者考证，“稀韦氏”就是一种具有神力的猪。

猪龙联袂

中国不少地区曾出土类型相似的猪图腾遗留物，内蒙古赵宝沟小山文化遗址出土了猪首蛇身龙纹图案的陶器，属于红山文化的翁牛特旗三星他拉村和辽宁牛梁河都出土了猪龙形玉饰，这些文物的共同点是将猪与龙的形象结合在同一图案中。

猪与龙的联袂出现，引起了人们的无限遐想。有人说，猪的龙化是猪图腾崇拜的氏族在部落融合过程中，受到龙蛇图腾影响的结果。也有人说，“玉猪龙”是一种祭祀用品，古时候人们要祭祀龙，而猪是最常用的祭祀品之一，所以在古人的思维之中两者关系密切。还有人说，龙本来就是一种虚拟的动物，它的形象脱胎于大型动物，而这种大型动物可能就是野猪。

◎ 玉猪龙 原源摄

根据古书记载，在古人心目中，猪是“水畜”。古代神话传说中的水神、水怪多是猪形，猪与雨水也有着密切联系。古时候，猪曾被当成雨神，而辽宁至今还流传有“猪渡河，来朝雨儿多”的谚语；另外，古代传说中的雷神形象也常是猪首人身。

猪将水神、雨神、雷神三职兼于一身，而龙恰恰也是，可见两者的联合绝非偶然。民间故事中，有一种跟猪和龙都有关系的神怪，名为“猪婆龙”。在江苏无锡，有这样一个传说：

猪婆龙生于东海，龙身猪首，由于触犯天条被罚下人间，变成人形化名张勃。后来无锡大旱，人们为缓解旱情想尽办法，最后猪婆龙趁人不备，变回原形帮人们开凿水道。

为了纪念猪婆龙的恩情，无锡人以每年农历二月初八为张勃生日，并在它开凿的水道附近建了“张元庵”，年年供奉，香火不断。

《聊斋志异》中也提到了“猪婆龙”，不过它“产于西江，形似龙而短，能横飞”。

天蓬元帅猪八戒

如果要为中国的猪文化寻找一位形象大使，在猪家族中，名气最大的猪八戒，无疑是最合适的人选。

《西游记》中的猪八戒，原是天庭中统领十万天河水兵的天蓬元帅，因调戏嫦娥被贬下凡，不幸错投了猪胎。根据学者考证，猪八戒的出现，与中国人的猪灵崇拜密切相关，它是吴承恩以民间观念和民间故事中的猪精形象为原型创作出来的。

猪八戒的形象虽不完美，但它深得中国人喜爱。它身上不仅集中了中国人印象中猪的缺点，连某些人类的缺点也有所投射：它好吃懒做、嫉妒抢功、耍滑头、好色，是《西游记》中惹人发笑的丑角。

民间流传有不少关于猪八戒的俗语，如“猪八戒照镜子——里外不是人”“猪八戒不成仙——坏在嘴上”“猪八戒西天取经——三心二意”等。

◎ 猪八戒木雕 白云制作

猪八戒缺点固然多，但也有不少可爱的优点。它善使铁耙，极通水性，有三十六般变化；它知错能改，常在关键时刻助孙悟空一臂之力；它虽然好色，但是对喜欢的女子却呵护备至、诚心诚意。时代发展到今天，在网络上，它还被女性评为“最佳人生伴侣”呢。

第四章

十二生肖的命理探析

在传统文化中，生肖犹如一组有待破解的密码，涉及每个普通人生活的方方面面。 时至今日，还有一些生肖俗信颇具影响力。

第一节 生肖与本命年

本命年的说法,最早出现于汉朝。它是指十二年一遇的农历属相所在的年份,俗称“属相年”。比如属鼠的人,每逢鼠年,便是他的本命年。

俗语说,“本命年犯太岁,太岁当头坐,无喜必有祸”,在中国文化中,本命年被认为是不吉利的年份,故民间又称之为“坎儿年”。

现代人的平均寿命在七十五岁左右,因而一生中大概要迈过六个“槛儿年”。古时候,人的寿命要短一些,因而到了人生的第五个本命年,古人便既觉庆幸,又不免心惊。

唐代诗人白居易就在六十花甲时一连赋诗五首,题为《七年元日对酒》,其中后两首写道:“今朝吴与洛,相忆一欣然。梦得君知否,俱过本命年。”“同岁崔何在,同年杜又无。应无藏避处,只有且欢娱。”

白居易以为自己在第五个本命年时已无处藏避,而民间认为,本命年不顺是有禳解之道的。红色,是太阳的颜色、血的颜色、火的颜色,中国人对红色推崇备至,认为它能够辟邪,过年、结婚等讲求吉祥顺利的重要场合，人们都需要红色唱主角，本命年也不例外。

在南北民俗中，都有在本命年挂红避邪躲灾的传统。在大年三十，逢本命年的人，不论大人小孩，都早早地换上红色的内衣内裤，扎上红腰带，最好再佩戴一些红色饰物，如红丝绳、红项圈等，这也就是人们常说的“本命红”。

需要注意的是，这“本命红”也有一些讲究，比如红色内衣内裤一定要别人送，据说自己买的就没有辟邪的功效；身上系的红丝绳一般要戴一整年，直至新的一年来临。

在一些地方，本命年的除夕晚上忌出门。这一天，值本命年的人从太阳落山开始就要闭门不出，直到第二天太阳升起。已婚男子还要由妇人陪伴。

人逢本命年还有拜祭“本命神”以求延寿的风俗。本命神的说法来源于道教，道教的“本命年”观念虽然取自于民间，却与之有所差别，它是指本人出生的六十甲子干支之年，也称“本命元辰”。如某人出生于甲子年，那么甲子即是其本命元辰，甲子年即是其本命年。

道教认为，六十甲子即六十星宿，将六十甲子人格化，便成了六十元辰星宿神。在北京著名的道观白云观中，就有一座元辰殿。殿中六十尊神像以生肖动物取形，文、武、长、幼形态各异，且各有姓名，如甲子太岁金辨大将军、乙丑太岁陈材大将军等。许多民众逢本命年时，便来到自己的本命神前烧香、叩头、施金，以求消灾获福，民间又称本命神为“求顺星”或“保护神”。

过本命年，不单是汉族人的习俗。中国古代少数民族契族丹族人也会以过本命年的方式来庆祝始生，辽代时，这种仪式称为“再生礼”或“复诞礼”。那时候，契丹人已使用生肖纪年，每逢本人生肖这一年，就要举行仪式来纪念，以报答母亲的养育之恩。

◎ 北京白云观内的乙丑太岁陈材大将军塑像

我们的藏族同胞不仅给人过本命年，连雪山神湖也享有同样的待遇。2003年是藏历水羊年，也是藏族八大神山之首——梅里雪山的本命年，梅里雪山位于云南省，它过本命年的时候，西藏、四川、青海等其他地区的众多藏民，也专门来到雪山脚下转经。他们以无限虔诚、不畏艰险的品格，成为雪山脚下一道独特的风景。

第二节 生肖与年成

中国是一个农业大国，自古以来，老百姓靠天吃饭。正因如此，古人非常希望能够把握年成变化的规律，以便顺利开展农耕生产。于是，人们不免会揣测和观察诸多因素与年成的关系，而生肖作为一种纪年方式，自然也在他们的考虑之列。

直到今天，民间仍流传着不少与生肖相关的农谚，如“**牛马年，好种田**”，“**羊马年，广收田**”，“**就怕鸡猴饿狗年**”等，不少老百姓也会参照这些农谚来安排农事生产。

通过观察，古人发现天体运转对于地球自然环境变化存在周期性的影响。根据学者研究，先人对生肖与年成的关系的认识，也确有几分依据。

早在春秋时期，越国大夫文种（又名计倪）便在其所著的《计倪子》一书中，总结出了如下规律："太阴三岁处金则穰，三岁处水则毁，三岁处木则康，三岁处火则旱……天下六岁一穰，六岁一康，凡十二岁一饥，是以民相离也。故圣人早知天地之反，为之预备。"

所谓太阴，指的是木星，而在五行里，金代表西方，水代表北方，木代表东方，火代表南方，所以上面这段话所表达的意思是——当木星位于西方的三年时，农作物丰收；当木星位于北方的三年时，将发生水涝灾害，农作物减产；当木星位于东方的三年时，农业收成好，人们生活安康；当木星位于南方的三年时，将出现旱灾，农业收成不好。人们只要掌握了这种规律，就可以提前做好准备，并由此获得丰厚的经济利益。

在汉代的《淮南子·天文训》中，也有类似的表述："岁星之所居，五谷丰昌，其对为冲，岁乃有殃，故三岁而一饥，六岁而一衰，十二岁而一康。"岁星指木星，也就是说，古人认为影响地球上农作物生长规律的是木星，而其变化的大周期为十二年，小周期为三年或者六年。

古人的认识与现代科学研究结论是有吻合之处的。科学家发现，对地球气候影响较大的，实际是太阳黑子的活动，它的周期约为十一年，所以古人说农作物的丰歉以十二年为一个周期是有道理的。

至于古人认为影响地球的天体是木星的理由，有人说，木星围绕太阳公转的周期为 11.86 年，与太阳黑子的活动周期相接近，古人无法观测到后者，所以产生了误解。

根据现代气象学观测，在地球气候变化的十二年周期之内，也还有小幅的变化周期。古人显然观察到了这种现象，并将这个周期归纳为三年或六年。对此，现代科学尚未得出确切结论，不过旱涝年份确实是交替出现的，所以“牛马年，好种田”这句谚语也有一定道理。

与汉族类似，中国古代少数民族中，也有认为生肖年份与年成有关的。如柯尔克孜族人认为，虎年往往寒冷，河里的水多半会结冰。因此，他们会根据不同的年份特征来安排生产生活。

皇历是中国古时的历书，它以五行相克理论推出每日的吉凶和宜忌。旧时它是百姓家中的常见之物，今天人们提到过去的事时还常打趣地说：“多少年前的老皇历了。”在皇历上面，大多印有十二生肖图。它还有“岁时记事”一栏，标着“几牛耕田”“几龙治水”等字样：每年的第一个丑日在正月初几，就是“几牛耕田”；每年的第一个辰日在正月初几，就是“几龙治水”。这些字样有预测年成之意。

牛是农业的好帮手，所以耕田的牛越多，预示着收成就越好。可是龙多了却不一定是好事，“七龙治水”或“八龙治水”是风调雨顺的年头，而当龙的数目超过了十条，民间认为可能会出现两种情况：一种是众龙分工不明确，谁都不愿意干活，于是形成旱灾；另一种是每条龙都安分守己地降雨，造成洪灾。

第三节 生肖与姓名

对于中国人来说，姓名不只是一个简单的代号，它寄托着长辈对于小辈的期望，表现的是人的情、意、志，蕴含的是人的精、气、神。古人甚至认为，姓名对人的智力、健康、婚恋、前途等各方面都有着一定的影响。人们常说“名不正则言不顺”，一个名字取好了，不仅叫起来响亮，据说还能补命之不足。

于是，当一个新生儿诞生时，家庭成员一定会反复推敲琢磨，希望取个能保一生平安的好名字。取名有许多讲究，比如名字的谐音和含义最好取吉祥之意，名字与姓氏的搭配要和谐，当然，生肖也是古人为孩子取名时参考的一个重要方面。

用生肖来起名的人，最著名的莫过于明代的风流才子唐伯虎了。他擅长诗文，画名更著，与祝允明、文徵明、徐祯卿并称“江南四才子”。唐伯虎的大名为唐寅，伯虎是其字，之所以如此取名，是因为他生于寅年寅月寅时。而宋朝著名文人邹应龙，他之所以取名“应龙”，是因为他生于宋乾道八年壬辰年(1172 年)。

龙、虎等神气十足的字眼当然方便取进名字，可其他属相的人怎么办呢？这可难不倒老百姓，过去，民间流行给孩子取乳名，且认为取贱名为好，这样好养活，于是属狗的孩子可以取名“小狗子”，属猪的可以叫“猪娃”等。著名作家老舍属狗，乳名就叫“小狗尾巴”，而现代画家叶浅予出生于羊年，乳名是“阿羊”。

少数民族中用属相来取名的情况也有不少。如新疆柯尔克孜族中，属牛男孩的名字常缀上“克郎”，意思是牛。上面所提到的例子，还只是生肖取名的冰山一角。古人用属相命名的讲究，复杂程度可让现代人瞠目结舌，他们甚至有一套“十二生肖宜忌命名法”。下面以肖鼠人的取名宜忌为例进行详细介绍，其他属相命名法仅简要提及。

肖鼠年生人，取名宜有“八”或“宀”（或部首内包含），预示环境良好，名利双收，清雅荣贵；

有“米”“豆”“鱼”，则福寿兴家，子孙鼎盛；

有“艹”“金”“玉”，则精明公正，操守廉正；

有“亻”“木”“月”，则贵人明现，克己助人；

有“田”，则快乐待人，一生清闲；

有“山”，则孤独，六亲无缘，离祖成功；

有“刀”“力”“弓”，则不利家庭，晚婚迟得子大吉；

有“土”，则不利健康或忧心劳神；

有“忄”，多不顺或作风果断；

有“石”，不利健康；

有“皮”“氵”“马”“酉”“火”“车”，忌车怕水或易犯法。

属牛者，宜用“氵”“艹”“豆”“米”“宀”“冖”“亻”等部首，忌用“月”“火”“田”“车”“马”“石”“刀”等部首。

属虎者，宜用“山”“金”“木”“氵”“月”“马”等部首，忌用“日”“火”“田”“系”“刀”“弓”等部首。

属兔者，宜用“月”“艹”“山”“田”“豆”等部首，忌用“马”“车”“石”“刀”“力”“川”等部首。

属龙者，宜用“氵”“金”“玉”“鱼”“酉”等部首，忌用

“土”“木”“田”“石”“火”“和”等部首。

属蛇者，宜用“艹”“虫”“豆”“酉”“木”“田”“山”“徒”等部首，忌用“小”“刀”“血”“系”“父”等部首。

属马者，宜用“艹”“木”“禾”“豆”“米”“土”等部首，忌用“田”“日”“火”“车”“马”等部首。

属羊者，宜用“艹”“木”“禾”“米”“田”“氵”等部首，忌用“车”“小”“犭”“山”“火”等部首。

属猴者，宜用“木”“禾”“金”“玉”“山”“月”等部首，忌用“火”“石”“宀”“系”“刀”“皮”等部首。

属鸡者，宜用“米”“豆”“虫”“禾”“宀”“田”等部首，忌用“石”“犭”“刀”“日”“系”“车”“马”等部首。

属狗者，宜用“豆”“米”“宀”“马”“金”“玉”“木”“亻”等部首，忌用“火”“石”“系”“山”“刀”等部首。

属猪者，宜用“豆”“米”“亻”“氵”“禾”“土”“宀”等部首，忌用“系”“石”“刀”“力”“血”等部首。

仔细观察这些取名宜忌，便能发现，它们实际是由生肖动物的习性引申出来的。

第四节 生肖与婚葬

结婚是人生大事，所以中国人对它慎之又慎，这在旧时婚姻上体现得尤为明显。

周代以来，男女婚姻就有“六礼”之说，即纳采、问名、纳吉、纳征、请期、亲迎，这是结成一段婚姻所需的六道程序，其中前两道是决定能否婚成的关键：“纳采”指男方家请媒人去女方家提亲，女方家答应议婚后，男方家备礼前去求婚；“问名”指男方家请媒人问女方的名字和生辰八字，以占卜男女双方结婚是否适宜。

人的属相包含在生辰八字之中，所以属相是否相配，生肖是否相克，也是被参考的重要标准。

生肖属相的相生相克，与五行相生相克之道相关。五行是中国古代朴素的唯物主义思想，认为世界是由金、木、水、火、土这五种元素构成的。一方面，它们之间存在着相生的关系，即木生火，火生土，土生金，金生水，水生木，“生”就是有益、促进、帮助的意思；另一方面，又存在着相克的关系，即木克土，土克水，水克火，火克金，金克木，“克”就是损害、不利的意思。

古人将十二地支也划归五行之中：寅卯为木，巳午为火，申酉为金，亥子为水，辰未戌丑为土。用十二地支的五行所属再去套生肖，于是，属木的为虎、兔；属火的为马、蛇；属水的为鼠、猪；属金的为猴、鸡；属土的为牛、龙、羊、狗，推而论之，生肖之间也就有了相生相克的关系。

上面的那一套，推算起来很麻烦，怪不得古人干脆将生辰八字的具体测算工作交给方家术士去处理，而自己只掌握最简单而关键的原则。

老百姓心中最根深蒂固的属相配对原则，还要数“六合六冲”。“六合”指鼠与牛为合，虎与猪为合，兔与狗为合，龙与鸡为合，蛇与猴为合，马与羊为合；“六冲”指鼠与马相冲，牛与羊相冲，虎与猴相冲，兔与鸡相冲，龙与狗相冲，蛇与猪相冲。过去，人们选择婚姻对象时，一定会趋六合、避六冲。今天，还有生肖文化爱好者以传统文化为依据，将“六合”观念编成了诗歌：

◎ 马羊双双入图剪纸

红蛇白猴满堂红，合婚相配古来兴，大婚相对子孙有，福寿双全多康宁。

黑鼠黄牛正相合，结交匹配不岔脱，儿女百年多长久，富贵荣华福禄多。

红马黄羊两相宜，这等婚姻不累罪，日子豪富久长在，子孙寿禄更夺魁。

青兔黄狗古来有，合婚相配到长久，家门古庆福寿多，万贯家财足北斗。

青虎黑猪上等婚，男女相合好来因，财禄丰盈当事顺，人口兴状有精神。

黄龙白鸡更相投，出门发财好来由，儿女满堂子孙广，福寿长绵永不休。

除“六冲”之外，在民间婚配禁忌中，又有“相害”之说，即认为属于相害生肖的两个人结亲是犯了大相，为下下等的婚配。为方便记忆和传承，老百姓把这种禁忌也编成了民谣，下面这首民谣流传已久：

自古白马怕青牛，羊鼠相交一旦休。

蛇虎婚配如刀错，兔见龙王泪交流。

金鸡玉犬难躲避，猪与猿猴不到头。

还有许多婚配禁忌，用谚语的形式表现出来，如“龙虎相斗，必有一伤”，“两只羊活不长”，“两虎不同山”，“青龙克白虎”，“虎鼠不结亲”等。

生肖婚配对女性的要求比对男性苛刻，尤其是对属虎和属羊的女性。对于女方属虎的禁忌，民间有“虎进门，便伤人”的说法，夜间出生的属虎女子，忌之尤甚，因为老虎总是夜间出来吃人的。民间还将夜间出生的属虎女子，分为前半夜出生的“下山虎”和后半夜出生的“上山虎”，认为“下山虎”比“上山虎”更加凶险：“下山虎”是找食吃的，一定伤人；“上山虎”则已经吃饱，不一定再为害了。因此，过去很多男方家庭不愿找属虎的姑娘做媳妇。

对于属羊女的命运，民间流传有顺口溜：“女属羊，命根硬，克夫克爹又克娘”。俗语“十羊九不全”，意思是属羊的人命不好，十个中有九个家人不全，不是小小的没有父母，就是中途丧偶，或者没儿没女。正因如此，从前一些属羊的姑娘为了能嫁得出去，只得加一岁谎称属马，或者是减一岁谎称属猴。

过去有的地方在合婚之前，不只注意对方的生年，还要挑剔对方的生月。一些属相生在特定月份，被称为“犯月”，不吉利。民间有歌谣：

正蛇二鼠三月牛，四猴五兔六月狗，

七猪八马九月羊，十月老虎站山头，

十一月里金鸡叫，腊月里来老龙囚。

有些地方的生肖婚配俗信，已不仅限于婚配双方，还波及旁人。过去，青海河湟地区将生肖分为四组：猴鼠龙、蛇鸡牛、虎马狗、猪兔羊，划归一组者为相合，并流行“马前三煞，马后贵人”的婚俗。

“马”指值年生肖，值年生肖之前的那个生肖及其相合的两个生肖被称为“马前三煞”，属于避相，凡属这三相的眷属

(包括娘家和婆家),从新娘出闺到入洞房,不得与新娘接触;值年生肖之后的那个生肖及其相合的两个生肖为“马后贵人”,护送新娘则用此三相之人。属相既非“马前”、又非“马后”的人,叫作“散相”。如果“马后贵人”凑不齐,可用“散相”之人凑数。

在婚姻习俗中,除了人与生肖有关,结婚的日子与它也有关系。请期,俗称“看日子”,也是结婚之前必办的一道手续。据说嫁娶的日子能影响婚姻当事人的一生祸福和家庭兴衰,所以,民间非常重视。结婚“看日子”有些宜忌跟生肖相关。首先,是本命年不结婚,否则会对婚姻不利。

另外,还有“禁婚年”的说法。男性的禁婚年是:子年禁蛇相,丑年禁马相,寅年禁羊相,卯年禁猴相,辰年禁鸡相,巳年禁狗相,午年禁猪相,未年禁鼠相,申年禁牛相,酉年禁虎相,戌年禁兔相,亥年禁龙相。女性的禁婚年为:子年忌兔相,丑年忌虎相,寅年忌牛相,卯年忌鼠相,辰年忌猪相,巳年忌狗相,午年忌鸡相,未年忌猴相,申年忌羊相,酉年忌马相,戌年忌蛇相,亥年忌龙相。

避开“禁婚年”之后,还要择定月份。多以女方的“生辰八字”为准。按旧时“婚书”规定,每个属相在一年中,有两个“大利月”和两个“小利月”。“大利月”的口诀是:

正、七迎鸡兔,二、八虎和猴,
三、九蛇与猪,四、十龙狗行,
五、冬牛羊出,六、腊鼠马同。

“小利月”的口诀是:

正、七迎龙狗,二、八牛羊行,
三、九鼠马走,四、十鸡兔迎,
五、冬虎猴出,六、腊蛇猪同。

为了大吉，人们多使用“大利月”。万一在“大利月”里因故不能完婚，就只得在“小利月”里找好日子了。

与生肖相关的婚姻习俗不仅汉族有，也存在于少数民族中。过去傈僳族也相信“六冲”，认为这六种对冲的属相不能结婚，否则容易多病或者死亡，必须祭祀专门掌管生肖冲害这类事情的“屈腊尼”。由于采用生肖纪日，傈僳族同胞在选择结婚的日子时也要参考生肖，他们一般将订婚日期选在属鼠、虎、蛇、猴、鸡、猪日，而结婚日期则只能在鼠、猴、蛇三日之中选择。

红白喜事，总有关系，既然婚事与生肖密切相关，丧事也是此理。在介绍生肖兔时已经提到，选择墓地时，“蛇盘兔”的地形非常受欢迎。《金瓶梅》第六十二回写西门庆的第六房妾李瓶儿染病将亡，请来潘道士禳解，潘道士问明李瓶儿属羊，年二十七，就要为她祭本命星坛，具体方法是：

“就是今晚三更正子时，用白灰界画，建立灯坛，以黄绢围之，镇以生辰坛斗，祭以五谷枣汤，不用酒脯，只用本命灯二十七盏，上浮以华盖之仪，余无他物。官人可斋戒青衣，坛内俯伏行礼，贫道祭之，鸡犬皆开去，不可入来打搅。”

而李瓶儿死后，西门庆为其置丧时，徐先生所批殃榜（旧时阴阳家开具死者年寿及回煞等事的文件）中又提到了“入殓之时，忌龙、虎、鸡、蛇四生人”这样的丧俗忌讳。

第五节 生肖与性情命运

十二种生肖动物都有自己的优点和缺点，因此，十二生肖两两相对、六道轮回，体现了我们的祖先对生命的期望。

第一组是鼠和牛。鼠代表智慧，牛代表勤劳。如果只有智慧不勤劳，就变成了小聪明；光是勤劳，不动脑筋，就变成了愚蠢。所以，两者一定要结合，这是祖先的第一组期望和要求，也是最重要的一组。

第二组是老虎和兔子。老虎代表勇猛，兔子代表谨慎。两者一定要紧密结合在一起，才能做到大胆心细。如果勇猛离开了谨慎，就变成了鲁莽，而一味谨慎就变成了胆怯。这一组也很重要，所以放在第二位。

第三组是龙和蛇。龙代表刚猛，蛇代表柔韧。所谓刚者易折，太刚了容易折断，但是如果只有柔的一面，就容易失去主见，所以刚柔并济才最为适宜。

第四组是马和羊。马代表一往无前，直奔目标，羊代表和顺。如果一个人只顾自己直奔目标，不顾周围，必然会和周围不断磕碰，最后不见得能达到目标。但一个人如果光顾着与周围和顺，方向没有了，目标也失去了。所以，一往无前的秉性一定要与和顺紧紧结合在一起。

第五组是猴和鸡。猴代表灵活，鸡定时打鸣，代表恒定。

如果只灵活，没恒定，再好的主意最后也等不到收获的那一天。但如果只是恒定，一潭死水、一块铁板，缺乏灵活，那只能是事倍功半。只有它们非常圆融地结合，才能既稳定，又有所变通地不断前进。

最后是狗和猪。狗代表忠诚，猪代表随和。一个人如果太忠诚，不懂得随和，就会排斥他人。反过来，一个人太随和，没有忠诚，就会失去原则。所以，无论是对民族与国家的忠诚、对团队的忠诚，还是对自己理想的忠诚，一定要与随和紧紧结合在一起，这样才容易真正保持内心深处的忠诚。

以上见解，正是我们中国人一直坚持的外圆内方，君子和而不同。其中，既包含了根据传统文化对十二种生肖动物优缺点所做的精辟概括，又发挥了人的想象力和创造力，古人将生肖两两相对有其道理所在，堪称精妙。不过，我们的祖先属相论命的理论，远比今天大多数人所了解的，要复杂得多。

古人将六十甲子配以五行，于是十二生肖也就各有五种，且被认为各有归属，不同归属的生肖之人，有不同的命运，今天仍有方家术士延用这套知识。

以子鼠为例，甲子年出生的鼠属金，为“屋上之鼠”；丙子年出生的鼠属水，为“田内之鼠”；戊子年出生的鼠属火，为“仓内之鼠”；庚子年出生的鼠属土，为“梁上之鼠”；壬子年出生的属木，为“山上之鼠”。

“屋上之鼠”为人多学小成，有始无终，心性暴躁；幼年见灾，重拜爷娘保养，兄弟骨肉少靠；子有刑，男人妻大，女人夫长；可称伶俐聪明、贤良之命。“田内之鼠”为人机敏，有权柄及谋略；早年平平，中年成就，晚年大好；女人饶舌絮聒之命，言多必失，守己安分，幸福遁来。“仓内之鼠”为人伶俐聪明，心通文武；早生儿女受克，迟生保平安；夫妻和睦，有财益之命；晚年大兴旺；女人贤良，发达之命。“梁上之鼠”为人尊重安稳，一生衣禄无缺；主妻贤明，持家有权柄；需做事通达，遇凶化吉，贵人提拔；女人兴旺、发家之命。“山上之鼠”幼年有灾，中年衣食足用；主娶好妻，身闲心苦，或喜或忧；兄弟少靠，六亲冷淡，凡事自做自为，女人贤良之命。

与子鼠类似，对其他属相，也各有一套说法。

在古代，生肖命理不光与年份相关，还与季节、月份，甚至一天的时辰都有关系。老百姓认为，生于秋天的属羊人，命运就比不得春天出生的属羊人，因为春天草多，秋天草少。而生在农历十月的老鼠命运就不及生于腊月的老鼠，因为立冬之时，寻找食物颇为困难，而临近除夕，人们已备好酒肉，老鼠可安然享用。民间还有“早鸡劳碌命”的说法，因为早晨鸡要打鸣，不得清闲，所以早晨出生的属鸡人被认为会一生操劳。

时代发展到今天，过去那套完整的生肖命理说已不再具有当初的影响力。不过，生肖与性格的关系，还是人们的兴趣所在。今天，我们能见到的关于生肖性格的说法有许多种，不过大同小异，一般是从优缺点两方面进行论说。下面引来一种供读者玩味。

鼠年生的人——敏锐乐观

优点：渴望求知，做事态度积极，勤奋努力；自尊自爱，能自我约束，能替别人着想，待人和蔼；善于结交各式各样的朋友，适应性强；机智、谨慎，善于筹划；性格外向，多愁善感，细心，做事有条理。

缺点：目光短浅，一事当先，先为自己打算；多疑、不够坦诚，有些爱虚荣；对直觉过分自信；比较性急，牵及欲望方面的利益,有时不顾情面。

牛年生的人——勤勉踏实

优点:勤奋努力,百折不挠,意志坚强,有进取心,有领导欲望;诚实可靠,责任感强,能吃苦耐劳;能关心他人,谦虚谨慎,有正义感,爱打抱不平;务实谨慎,比较稳重,有忍耐力,始终如一,从不妥协。

缺点:有时有自卑倾向,固执己见,不纳雅言,有时爱冲动;不爱社交,缺乏临机应变能力,不善表达;保守、顽固,有主观独断倾向。

虎年生的人——富于冒险

优点:有雄心壮志,有朝气,乐观,勇于开拓;博爱,有正义感;敢想敢干。

缺点:自傲,不谦虚,有自以为是的倾向;粗心大意,易动感情,易轻信他人。

兔年生的人——温柔善良

优点:乐观、和蔼,能体谅别人,性格矛盾;精明,机智;能和任何人亲密相处;富于想象力,感情细腻。

缺点:没有大志,有得过且过的倾向;虚荣心重,有时怯弱,有时好怡然自得;性情不稳定;不肯刻苦钻研;有官僚主义倾向。

龙年生的人——气宇轩昂

优点:做事勇往直前,能起先锋作用;乐观积极,有旺盛的进取心,有高尚的信念,做事认真负责;诚实、果断、热情,性格外向,有人缘。

缺点:有半途而废的习惯,盛气凌人;自制力欠佳,骄傲自大,不愿认错;缺乏灵活性,不够含蓄。

蛇年生的人——神秘莫测

优点:专心致志,意志坚强;温和、自爱、谨慎,心灵手巧;想法富于柔软性。

缺点:有时动摇不定,为自己打算;多疑,有嫉妒和报复心,心胸狭窄,内心冷漠;大事面前优柔寡断。

马年生的人——独立奔放

优点:有进取心,勇往直前,积极乐观;坦诚、可靠,善恶分明;智力灵敏,有觉察力,自由奔放,洒脱;能接受新事物。

缺点:有半途而废的习惯,盛气凌人;自制力欠佳,骄傲自大,不愿认错;缺乏灵活性,不够含蓄。

羊年生的人——温文儒雅

优点:研究心旺盛,喜欢开创,有野心;温顺善良,有同情心;喜爱艺术,有想象力和创造力。内心坚定,对喜欢的人和事充满深情。

缺点:悲观,不能容忍别人踏入你的领域;不注重实际,内心十分固执。

猴年生的人——机智伶俐

优点:有较强的进取心,性格倔强;喜欢竞争,乐观自信;亲切,能与人融洽相处;爱好社交,老练。

缺点:对任何事热情不持久;圆滑,有些世故,给人八面玲珑的印象。

鸡年生的人——神采奕奕

优点:做事勇往直前,坚持不懈;思想坚定,果断;健谈。

缺点:爱虚荣,有不注重实际的倾向,容易受异性引诱。

狗年生的人——忠诚正直

优点:为人正直,守规矩,有责任感;对上司、长辈敬重,服从,工作认真;

缺点:自我观念极浓,缺乏通融性、发表力,所以常错失许多美好的事物,防卫意识强。

猪年生的人——性情率直

优点:专心致志,比较乐观;诚实真挚,有同情心,能信任他人。

缺点：不坚定，易动感情，自我宽容，对谎话缺乏辨别力。

第六节 信乎，不信乎

这些扑朔迷离的生肖俗信民间观念，到底有几分真，几分假？我们又该对它们抱持怎样的态度？如果说随着科学的昌明，生肖命理文化正在逐步瓦解消失，那么可以说，本命年俗信还是被比较完整地保留下来的一部分。

“本命年不顺”的说法，至今还有许多人相信。正因如此，每年春节临近之时，商家都会推出一系列红色商品，如红内衣、红袜子、红配饰，甚至家中的红挂饰等，来迎合人们对于“本命红”的需求。

其实，但凡十二岁以上的人，都已经历过本命年，对于这一年是否顺利也有所感受。网上也常会有网友探讨自己的经历，有的人会说“果然不顺”，可是也有人说自己在本命年“平平淡淡”，或者“一切皆顺”。这是怎么回事？

事实上，那些认为“诸事不顺”的人往往是由于心理作用。人生总有一些波折，如果恰逢有大的波折出现在本命年，那么，不信的人根本就不会将二者关联起来，而相信之人则会巩固他们的迷信。

众所周知，遭遇困难时，心态最关键，所以不信之人往往能以平常心安然度过，反而是迷信的人，心理和行为上都战战兢兢，本来能够轻易度过的“坎儿”，可能让他“如履薄冰”了一整年。

“本命年不顺”，也确实无法通过事实的考验。举一个反例为证，前面已经提到的宋代文人邹应龙出生于龙年，他才华过人，曾考取状元郎，并官至户部、刑部、工部尚书，而他中状元的那一年，才二十四岁，恰逢龙年本命年。

刘心武先生不久前写过一篇题为《迈过“本命年”的坎儿》的文章，他也认为本命年可能是个“坎儿”，但这并非一些神秘莫测的原因造成的，而是从心理发育的角度来看的。

十二岁时，一个人心理上的坎儿，要么表现为早熟，失去应有的童真，导致行为上的越轨；要么心性从此滞留不进，总害怕进入“大人的社会”。

二十四岁时，心理上的坎儿可能趋于两个极端，一是成为“愤青”，对社会、对长辈，尤其是对固有的传统、规范，打心窝里喷溢出反叛的激情，追求颠覆性、破坏性的快感；一是成为“懦青”，自卑、懦弱，形不成任何主见，特别地害怕长辈、领导、权威、强人，总是自觉形秽而又找不到提升自己的途径。

三十六岁与四十八岁这两个本命年中，人心里的坎儿一般也有两种：一是自我肯定过头，觉得功成名就，前途似锦，欲望膨胀到如即将崩裂的气球而不自知；一是自我否定过头，觉得老大不小仍成不了气候，前景暗淡，对自己万念俱灰。

到了六十岁，一个人心理上的坎儿又转化为，要么觉得难以适应新事物，沉溺于怀旧，要么愤世嫉俗，要么心灰意懒，这些心理危机又转化为生理上的疑神疑鬼，总觉得自己“不行了”，仿佛人生的幕布也将就此落下。

想平安度过这几个心理危险期，就不能仅靠“本命红”了。刘心武先生给出了两个解决办法：一是需要周围人的帮助和扶持，二是要学会自我调节。这种对于本命年与时俱进的理解，也颇有些道理。

至于“牛马年，好种田”等生肖农谚，虽有一定合理之处，但并不等于说它们就是全然正确的。第一，历史上也并不少见牛、马、羊年歉收，或者猴年、鸡年、狗年丰收的例子；第二，中国幅员辽阔，不同的地方气候条件各异，有时候甚至南方闹洪灾，北方闹旱灾，一条简单的谚语怎么能概括这些错综复杂的情况呢？

还有那预测农事的老皇历，今天倒是还能见到，不过它所做的农事预测，已经几乎没人关注了，因为现在的农民更信赖的是科学的气候预测和技术指导。

说到取名，今天的人固然重视它，可是参考生肖取名的情况已经比较少了。但是，在生肖婚配中提到的“谈羊色变”的迷信，倒是延续到了今天。2002 年是农历壬午马年，下一年是羊年。据新闻报道，许多预产期在羊年正月的准妈妈，要求医生在羊年到来之前为她们施行剖宫产手术。2003 年，农历癸未羊年来临，由于担心属羊命不好，不少孕妇又纷纷将生产日期推到猴年。

事实上，早在清朝时，小说家李汝珍就在《镜花缘》里借小说中的人物之口，反驳了歧视属羊、属虎的女性和以生肖占卜婚配的做法：

“尤可笑的，俗传女命北以属羊为劣，南以属虎为凶。其说不知何意？至今相沿，殊不可解。

“人值未年而生，何至比之于羊？寅年而生又何至竟变为虎？且世间惧内之人，未必皆系属虎之妇，况鼠好偷窃，蛇最阴毒，那属鼠、属蛇的，岂皆偷窃、阴毒之辈？

“龙为四灵之一，自然莫贵于此，岂辰年所生，都是贵命？

“此皆愚民无知，造此谬论，往往读书人亦染此风，殊为可笑。

“总之，婚姻一事，若不论门第相对，不管年貌相当，惟以合婚为准，势必将就勉强从事，虽有极美良姻，亦必当面错过，以致日后儿女抱恨终身，追悔无及。”

这番话其实还交代了这样一个事实——过去民间的生肖婚配俗信，拆散了不少大好姻缘。生肖婚配的那套说法曾经有如此之大的影响力，那它真的可信吗？梁实秋先生曾写过一篇题为《算命》的散文，从文中所举的一个例子，读者可见一斑。

有一对热恋的青年男女，私订终身，但是家长还要坚持“纳吉”手续，算命先生折腾了半天，闭目摇头，说：“哎呀，这婚姻怕不成。乾造属虎，坤造属龙，‘虎掷龙拿不相存，当年会此赌乾坤’……”

居然有诗为证，把婚姻比做了楚汉争。前来问卜的人同情那一对小男女，从容进言：“先生，请捏合一下，卦金加倍。”先生笑逐颜开地说：“别忙，我再细算一下。……龙从火里出、虎向水中生。龙骧虎跃，大吉大利。”

这位先生说谎了吗？没有。始终没有。这一对男女结婚之后，梁孟齐眉，白头偕老。

李汝珍先生已经简单提到，依据“鼠好偷窃，蛇最阴毒”来推断“属鼠、属蛇的皆是偷窃、阴毒之辈”是不合理的。

道理也确是如此，中国有十三亿人，假如每个人都跟自己所属的生肖性情相似，那岂不是全体中国人只有十二副脾气？即便是按照不同五行归属的生肖性情不同，一个属相有五种命运，那么十三亿人也才有六十种命运，现实生活中，每个人都有自己的性格和命运，这样的归纳办法，也是把问题太简单化处理了。所以，生肖性情说也只可玩味，不足为信。

当然，古时候的星命家还将人的命运按照月、日、时再加以细分，也就是生辰八字。有人统计，生辰八字完全相同的两个人出现的概率大概是几十万分之一，按照这样的算法，人的命运确实有了千差万别。

可是，这样卜算就准确了吗？据说当年朱元璋当皇帝以后，害怕和自己同一生辰的人篡位，下令把这些人都抓起来杀掉。后来有一次抓到一个养蜂老人，朱元璋亲自审问，原来老人养了九箱蜂，相当于管了九州民众，是个养蜂的“皇帝”，于是他就放心了，不再抓人。

尽管这则故事的本意是想论证同一生辰的人会有类似的人生轨迹，但论证的结果却恰恰相反——两人的命运只是看起来相似，其实大相径庭，一个贵为皇帝，一个是养蜂老人，相似度有多高？所以，人要学着把握自己的命运，而不是迷信于神秘莫测的种种说法。

在这里，再讲几个有趣的故事。故事的主人公都是由于过于迷信生肖，办出了让人啼笑皆非的事情。

唐代文学家柳宗元有篇题为《永某氏之鼠》的寓言——

永某氏于子年出生，“鼠，子神也。”因爱鼠，他不许家人养猫狗，也不许仆人打老鼠，家中的厨房、仓库任凭老鼠吃喝出入，也从不过问。

后来老鼠们相互转告，都来到永某氏家中生活，导致他的家里没一件完整的东西，也没一件完好的衣服。白天老鼠们跟人一起活动，夜里也吵得人睡不着觉。

等永某氏搬走后，新来的住户不得不下大力气捕鼠，最后死老鼠竟然堆积如山！

寓言可能有一定的虚构成分，然而现实生活中也确实有如此溺爱老鼠的例子。据徐柯《清稗类抄·迷信》记载,盐城有一何姓人家,其主人本命肖鼠,他对老鼠的纵容跟寓言中的不相上下。

普通老百姓迷信生肖只会祸害一家,可是倘若一国之君也是如此,那就天下大乱了。中国历史上,有两位皇帝也办出了跟肖鼠人类似的事情,玩起了禁杀禁养本命生肖动物的游戏。据宋人朱弁《曲洧旧闻》卷七记载——

宋徽宗赵佶生于元丰五年,时年为壬戌年,其生肖为狗,他即位后,接受了一位叫范致虚的大臣的建议,下令天下禁止杀狗,告发者赏钱最高可达两万。

此令一出,顿时引起朝野一片哗然,太学生们以其父神宗生于戊子年,却没有禁止养猫以保护老鼠为例,反驳这一禁令。

四百年后,明武宗朱厚照拾宋徽宗之牙慧,其举止却更加荒唐,由于他姓朱,又属猪,认为人们豢养猪以宰杀吃肉不妥,便下令禁止民间养猪、杀猪、吃猪肉。

他的禁令导致国家清明祭祀时,出现了找猪肉难的局面。后来,在官员多方进言之下,禁令只维持了三个月,就不得不被废除了。

今天,人们当然再不会做出这般愚昧夸张的事情,不过,这几则故事提醒我们:可以将生肖文化作为传统文化的一部分来了解和接受,但是,绝不可迷信于此。

第五章

十二生肖文艺作品赏鉴

生肖文化意蕴丰富，历代文人墨客、能工巧匠，以之为题吟诗作画，留下了珍贵的生肖文艺作品。当然，今人也不甘落后，纷纷创造出生肖文艺的新形式。在这一章，就让我们徜徉于生肖文艺长廊，品味十二生肖之诗情画意。

第一节 十二生肖诗

十二属诗

我国是一个诗歌的国度，十二生肖作为一种底蕴深厚的文化，自然是备受诗人青睐的题材之一。

十二生肖不仅入了诗，还在古体诗领域拥有了自己的一席之地。从南朝起，中国出现了"十二属诗"。十二属诗既要将十二生肖按一定规律镶嵌其中，又要用典自然，不能生硬，颇需文学功底。

南北朝时著名诗人沈炯的《十二属相诗》，是十二生肖诗的开先河之作。

鼠迹生尘案，牛羊暮下来。
虎啸坐空谷，兔月向窗开。
龙隰远青翠，蛇柳近徘徊。
马兰方远摘，羊负始春栽。

猴栗羞芳果，鸡跖引清杯。

狗其怀物外，猪蠡窅悠哉。

这首诗将十二生肖依次嵌在每句的首起位置，写法对仗工整，又充满生活的情趣，写起来颇为不易。

因此，后来的效仿者不愿再拘泥于此，便在体制上有所创新，他们不将十二生肖固定在句首或句尾的位置，而允许其在中间任何地方出现，如此就去掉了作诗的条条框框，扩大了诗的自由范围，使诗更加活泼。

至南宋时，十二属诗已为数不少，达到集结成卷的规模。当时的儒学大师朱熹就读到了这样的诗卷，读罢一时技痒，自己也作了一首，题目就叫《读十二辰诗卷掇其余作此聊奉一笑》：

夜闻空箪啮饥鼠，晓驾羸牛耕废圃。

时才虎圈听豪夸，旧业兔园嗟莽卤。

君看蛰龙卧三冬，头角不与蛇争雄。

毁车杀马罢驰逐，烹羊酤酒聊从容。

手种猴桃垂架绿，养得鹍鸡鸣角角。

客来犬吠催煮茶，不用东家买猪肉。

这首诗共十二句，每句嵌十二生肖中的一个，并将其置于句中。在诗中，生肖大都采用本义，只有“兔园”之兔、“猴桃”之猴，“鹍鸡”之鸡，以双关借义的形式出现。全诗融入了十二生肖，又是抒写闲居之情，可谓巧妙自然。作为大师之作，它在生肖属诗中比较有名。

比朱熹年代稍早一些的葛立方，写有一首《赠友人莫之用》，也是十二属诗：

抱犬高眠已云足，更得牛衣有余燠。

起来败絮拥悬鹑，谁羡龙须织冰縠。

踏翻菜园底用羊，从他春雷吼枯肠。
击钟烹鼎莫渠爱，小茗自许猴葵香。
半世饥寒孔移带，鼠米占来身渐泰。
吉云神马日匝三，樗蒲肯作猪奴态。
虎头食肉何足夸，阴德由来报宜奢。
丹灶功成无跃兔，玉函方秘缘青蛇。

这首诗有十六句，十二生肖名嵌入诗中，无固定规律可循，既不一定嵌在句首，也不一定每句都有生肖，这样就突破了十二句的固定格式，并且全诗四句一换韵，可谓别出心裁。

宋朝以后的生肖诗作，大都遵循传统格式，又有些变通。元代文人刘因的《十二辰诗》也颇为有名，每句都包含一个与生肖动物相关的绝妙故事，别有情趣：

饥鹰吓鼠惊不起，牛背高眠有如此。
江山虎踞千里来，才辩荆州兔穴尔。
鱼龙入水浩无涯，幻境等是杯中蛇。
马耳秋风去无迹，羊肠蜀道早还家。
何必高门沐猴舞，豚栅鸡栖皆乐土。
柴门狗吠报邻翁，约买神猪谢春雨。

明代诗人胡俨在他《列朝诗集》里，也写过一首十二生肖诗：

鼷鼠饮河河不干，牛女长年相见难。
赤手南山缚猛虎，月中取兔天漫漫。
骊龙有珠常不眠，画蛇添足适为累。
老马何曾有角生，羝羊触藩徒忿嚏。
莫笑楚人冠沐猴，祝鸡空自老林丘。
舞阳屠狗沛中市，平津牧豕海东头。

该诗每句都包含一个历史典故，如画蛇添足、指鹿为马等，正所谓一名一典，没有一字无来处，让人品味到了诗的内涵。

民国初年，画家王梦白曾为门生李漪绘《十二生肖图》，当时知名学者黄浚也在座。李即向黄乞诗题图，黄欣然提笔作出《十二生肖题句》：

世情偃鼠已满腹，诗稿牛腰却成束。
平生不帝虎狼秦，晚守兔园真碌碌。
龙汉心知劫未终，贾生痛哭原蛇足。
梨园烟散舞马尽，独剩羊车人似玉。
子如猕猴传神通，画课鸡窗伴幽独。
板桥狗肉何可羡，当羡东坡花猪肉。

诗中藏典用事，浑然一体，妙语连珠，一气呵成。更难能可贵的是，作者对社会的黑暗不公和自己壮志难酬的愤懑之情寓于其中，读来令人感慨。

也有些文人并不受十二属诗体制的约束，而是依着自己的情致来吟咏生肖，也别有一番韵味。如宋代诗人苏辙曾在虎年辞去，兔年来临之际作有《守岁》一诗：

於菟绝绳去，顾兔追龙蛇。
奔走十二虫，罗网不及遮。
嗟我地上人，岂复奈尔何？
未去不自闲，将去乃喧哗。
天上驱兽官，为君肯停柂。
鲁阳挥长戈，日车果再斜。
釃酒劝尔醉，期尔斩蹉跎。
偕醉遣尔去，寿考自足夸。

古代诗作中也不乏用到生肖典故的，如唐代白居易有一首诗写道：“寅年篱下多逢虎，亥日沙头始卖鱼。”由于亥猪在五行中属水,才有“始卖鱼”之说。

而李商隐的《行次西郊》一诗中,则有“蛇年建午月,我自梁还秦。南下大散关,北济渭之滨”这样的诗句。

十二生肖对联

对联,雅称“楹联”,俗称“对子”。对联是汉语语言独特的艺术形式,它的主题可以是任意事象,它所讲究的是言简意深,对仗工整,平仄协调,号称“诗中之诗”。

从古至今,以生肖入联者不计其数,有人为它们划出了一个专门的类别,即“生肖联”。

生肖联包含有不同的风格和旨趣,有的古典文雅,有的气势磅礴,有的幽默诙谐,有的讽刺入味。

子鼠入联——

甲乙科名佳话在

子孙孝友古风存

这一联中,“甲子”两字嵌在联首,自然是指鼠,这也是作对联常用的一种方式。

丑牛入联——

曾驮李耳离函谷

又助田单破邵青

老子曾骑青牛过函谷关,田单曾用火牛阵打败邵青,这是人所共知的典故,上下联分别以之将牛嵌入其中,真是巧妙。

寅虎入联——

一声长啸山谷震

万树生风闪电行

寅虎之联将一只威风凛凛、风驰电掣的老虎描写得惟妙惟肖。

卯兔入联——

雪消狮子瘦

月满兔儿肥

卯兔之联在中国历史上很有名，且它的背后还有一段风流佳话。传说，清代著名的女诗人席佩兰出此上联以求夫婿，而当时的才子孙原湘便因对上了下联而抱得美人归。

辰龙入联——

能吸风云兴瀚海

偏敷霖雨惠苍生

辰龙之联，赞美了神龙兴云为人间兴云布雨的能耐和功德，所以被书写在一些地方的龙王庙门两侧。

巳蛇入联——

舌纵成双从不花言巧语

肢虽无一却能电掣风行

蛇又称“小龙”，自然也能电掣风行，巳蛇之联道出了人人称畏的蛇的可爱之处，眼光独到。

午马入联——

引颈三嘶抒壮志

飞蹄万里奋长征

午马之联不仅描写了一匹引颈飞蹄的奔马，更将人的志向寓于其中，给人昂扬之感。

未羊入联——

皮莫让他披，须防恶客充良善

肉须供我食，好使春宵富馔稀

这一联将众所周知的寓言典故“披着羊皮的狼”和羊以其肉奉于人类的功德引入其中，颇有教育意义。

申猴入联——

锣鼓登场，一片欢腾热闹

衣冠扮相，三分文雅风流

这副对联以猴戏为主题，将小猴聪明滑稽的模样和当时热闹的场面轻松描出，颇为有趣。

酉鸡入联——

肉蛋皆称美味

啼鸣总是佳音

此联用平常之语将平常之事物道出，但俗中见雅，值得学习。

戌狗入联——

刻意看家，绝不朝三暮四

忠心事主，从无爱富嫌贫

狗是人类最忠实的伙伴，联语极赞其忠诚。

亥猪入联——

休笑嘴长，惹是生非从不齿

莫嗟皮厚，吹牛拍马总无心

此联将猪的短处尽数写出，却也道其是无心之过，倒也显出猪之娇憨可爱。

前面除卯兔之外的其他联，都是在说生肖动物，却未将其直接道出，因而还可当作“谜联”使用。

春联，是对联中最为人熟知的一种。每值新春旧年交替之际，也是生肖动物交接之时，所以吉祥喜庆的春联，怎么能少得了生肖呢？生肖春联也有多种作法，比如在春联中嵌入本年的生肖：

闻鸡起舞

跃马争春

此联是1981年《羊城晚报》春节征联的一等奖获奖作品，作者为童璞，该年是鸡年，而实际上它可以用于任何一个"鸡年"和任何一个"马年"。

只用一种生肖的，有指示当年的作用，如戊辰龙年(1988)春联(作者常江)：

顺雨调风龙气象

锦山秀水凤文章

用相邻两个生肖，可表示年份的交替，如丙寅虎年(1986)春联(作者常江)：

牛耕绿野

虎啸青山

还可以用一些谐音字代替生肖动物，如以"阳"代"羊"：

阳春开物象

丽日焕天文

下面再引一些生肖春联来供读者欣赏。

鼠年：金猪辞旧岁，玉鼠迎新春。

牛年：玉鼠回宫传捷报，金牛奋地涌春潮。

虎年：虎踞龙盘今胜昔，花得鸟语旧更新。

兔年：月里嫦娥舒袖舞，人间玉兔报春来。

龙年：鸟鸣春日惊山水，鱼跃龙门动地天。

蛇年：金蛇狂舞春添彩，紫燕翻飞柳泛青。

马年：蛇舞长城雪，马嘶北国风。

羊年：马蹄留胜迹，羊角搏青云。

猴年：花果飘香美哉乐土，猴年增色换了人间。

鸡年：鸡声窗前月，人笑福里春。

狗年：金鸡交好卷，黄犬送佳音。

猪年：亥时看入户，猪岁喜盈门。

十二生肖歌谣

民歌当中，十二生肖也是特别受欢迎的题材。在我国许多地方，十二生肖歌谣被广为传唱。民国时期的学者胡云翘在其所辑的《沪谚外编》中，就收录了一首：

正月梅花开来直到梢，老鼠眼睛像胡椒，偷油咬物真讨厌，叮嘱家家多养猫。

二月里来开杏花，耕牛最是有功劳，油车碾豆牛用力，盗田里戽水牛赶车。

三月里桃花红喷喷，老虎凶来要吃人，凶人还要凶人制，提到铁笼里那能放虎形。

四月蔷薇开来话头多，兔子双双来做窝，月落一窝小兔子，子嵬多来劳碌多。

五月里来石榴开，老龙取水白漫漫，问龙住宿在何处？松江有个白龙潭。

六月荷花开来梗子青，毒蛇出世草里登，要嘱家家预备竹夹剪，灭尽毒蛇不害人。

七月凉风凤仙飘，客人骑马马飞跑，古来好将得好马，沙场征战立功劳。

八月中秋木樨香，性情愚善是胡羊，吃奶跪在娘腹下，畜生也识孝亲娘。

九月菊花开得叶头齐，花果山上猴儿真可怜，扬州婆捉去做戏法，随街傍路卖铜钱。

十月芙蓉开来小春天，家家养只过年鸡，雌鸡生蛋有出息，雄鸡到天明喔喔啼。

十一月水仙开来耀眼明，狗能防夜帮主人，独是生成一种欺贫重富怵脾气，看见穷人咬不停。

十二月里腊梅开，枥里猪驴拖出来，日里吃仔三顿不做啥，杀伊肉吃本应该。

今天，浙江省文成县一带也还流传着《十二生肖歌》，当地学者从一位七十八岁的长者那里采集到了它：

正月寅生是肖虎，生儿哺子在林中；口如血盘牙齿尖，上山落岭快如风。

二月卯生是肖兔，毛兔出世眼不亮；莫讲毛兔无出息，兔毛扎笔做文章。

三月辰生是肖龙，生儿哺子在天堂；十二生肖龙最贵，春二三月发毫光。

四月巳生是肖蛇，生儿哺子在岩窠；蛇行千里却无脚，高山草地紧紧过。

五月午生是肖马，生儿哺子在官堂；争州夺国都用到，冲锋陷阵在前方。

六月未生是肖羊，羊儿未落先叫娘；羊角尖尖象刀枪，一部胡须尺把长。

七月申生是肖猴，生儿哺子在树头；树头果子猴先吃，王母仙桃也敢偷。

八月酉生是肖鸡，头戴红冠脚扒泥；莫讲雄鸡无有用，天神差它报天时。

九月戌生是肖犬，生儿哺子在柴仓；人来客去会迎送，盗贼走过叫汪汪。

十月亥生是肖猪，主人养猪栏中嬉；莫讲毛猪无有用，酬神还愿好福礼。

十一月子生是肖鼠，生儿哺子在谷仓；爬梁滑墙头一个，猫儿跑来无处藏。

十二月丑生是肖牛，主人养牛在栏头；十二生肖牛最苦，春来无牛万家愁。

以上两首民歌都是将生肖与月份相搭配，唱出了十二生肖的习性及其与人类的关系。

传承传统文化，要从娃娃抓起。民间也将十二生肖融入了儿歌，可谓“寓教于乐”。如我国东南地区的老百姓将生肖与数字搭配，编出了下面这首儿歌：

一鼠贼仔名，二牛驶犁兄，三虎爬山崎，四兔游东京。

五龙皇帝命，六蛇受人惊，七马跑兵营，八羊吃草岭。

九猴爬树头，十鸡啼三声，十一狗吠客兄，十二猪菜刀命。

上面这首儿歌，被收录在我国台湾地区出版的《野台锣鼓》中。同时被收入该书的，还有一首将十二生肖与历史人物相结合的《十二生肖童谣》：

鼠今出世在壁空，大闹花灯是薛刚。踢死太子惊圣上，连夜逃走九龙岗。

牛今出世受拖磨，高祖起义斩白蛇。萧何月下追韩信，九里山下埋伏行。

虎今出世人人惊，文广被围柳州城。十八妖洞治妖怪，宋朝名将有名声。

兔今出世目目红，罗通扫北战铜人。亏得英雄来战死，罗仁七岁打铜人。

龙今出世在片云，潘葛尽忠打梅伦，潘葛一家甚厉害，假做苏英上绞台。

蛇今出世身腰长，包拯尽忠困玉床。嘴含一点孔雀血，捕捉鼠精费精神。

马今出世被人骑，孟宗哭竹喃泪啼。天庭知伊有孝义，化出冬笋在身边。

羊今出世下谷须，昭君出塞面忧忧。几时见得汉王面，斩了奸臣毛延寿？

猴今出世在深山，寿昌辞母去做官。遇着魏孝来卖饼，母子相会一头看。

鸡今出世身花花，元吉作战偷掠鸡。结拜元贵为兄弟，官府掠去打竹棍。

狗今出世目无开，子龙打出万重围，孔明点兵用计智，救出阿斗上金阶。

猪今出世身似象，苏武一心无二样，番邦尽节十九年，日日牧羊在山边。

儿童在学习这类儿歌之时，既了解了生肖文化，又熟悉了动物特点，同时还掌握了不少历史典故，真是一举数得。

根据儿童年龄段的不同，生肖童谣还有难易度的区分，如上面的两首，是适合年龄稍长的孩子学习的，而下面这一首，则是当前被广泛用作开发学龄前幼儿智力的：

小老鼠，打头来，牛把蹄儿抬；老虎回头一声吼，兔儿跳得快；兔儿跳得快！

龙和蛇，尾巴甩，马羊步儿迈；小猴机灵蹦又跳，鸡唱天下白；鸡唱天下白！

狗儿跳，猪儿叫，老鼠又跟来，十二动物转圈跑，请把顺序排！请把顺序排！

第二节 十二生肖画作

动物画以动物形象作为艺术语言，来表达人的希望、幻想和各种感情。它不要求惟妙惟肖，允许夸张与变形，但要有个性，要贴近生活，并能引起大家的共鸣。从古代的韩干、韩轘、赵孟緁、华嵒、郎世宁，到现代的齐白石、徐悲鸿、张善子等，无一不是动物画的高手。

生肖画是动物画的一种，怎样将生肖图画与普通的动物图画相区别？方法其实很简单。

倘若一位画家画了一张鼠、一幅牛，所勾勒的可能是生肖，也可能不是。但若画作又题上了“子”“丑”等字样，那就必然是生肖画了。此外，即便未标子丑寅卯等十二地支，但若一幅画卷集齐了十二种动物，或者单幅一种动物，十二幅集成一套，都应该算作十二生肖图。

生肖图区别于普通动物图的一个重要特点，是前者往往为十二种生肖动物大团圆，这不仅是由于中国人以齐全为圆满，更是由于十二生肖连在一起，表达了中国人周而复始的生命观念和乐观和谐的审美情趣。

名家画作

历朝历代，几乎每位画家都“业有专工”。生肖画作对画家的要求比较高，要将十二种动物都画得形神兼备，难度极大，稍有瑕疵，便不圆满。

然而，古往今来，却也有不少画家勇于挑战自我，将笔触投向了十二种生肖动物。生肖文化的魅力，可见一斑。

虚谷(1823～1896)，俗姓朱，名怀仁，清代著名和尚诗人、画家，工山水、花卉、动物、禽鸟，尤长于画松鼠及金鱼，亦擅写真，被誉为“晚清画苑第一家”。《十二生肖》是虚谷作品中不可多得的上乘之作。该画作于1884年，画家六十一岁，正值艺术创作成熟的顶峰时期。十二条屏分别绘制十二生肖，每屏各对应其一。所绘动物活泼清新，富于动感，形态情趣动人，各具神韵。十二幅连在一起，则又融会贯通，风格一致。

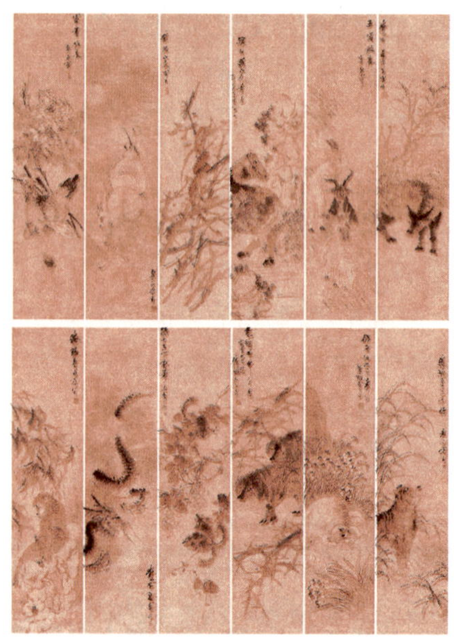

◎ 十二生肖条屏 清代虚谷绘

在现代美术领域，齐白石和徐悲鸿是响当当的人物。在动物画方面，齐白石最精于画虾，徐悲鸿最擅长画马，不过，两位大画家也被生肖文化所吸引，画起了他们熟悉或不熟悉的动物。

齐白石平生难得画龙，却在十二属相齐全才好的民俗心理影响下提起了笔。对此，八十五岁的齐白石有一段题画文字：“蔚三先生既藏予画多，又欲索画十二属。予以有未曾见者龙，不能画……”

最终，他还是画了龙，画了柏羊、草蛇、游猪，画了他平素较少涉笔的狗和马，完成了一套生肖组画。

凑齐十二种以应民俗的同时，齐白石对于自己的画作还另赋其意——画犬，他题“吠其不仁”；画猴，他题“既偷走又回望，必有畏惧，倘是人血所生，必有道义廉耻”。这就增加了作品的文化意蕴。

徐悲鸿的《十二生肖图》创作于1945年，半个多世纪后才被“发现”。这幅图为水墨画，设色纸本。除《鸡》图钤白文印“东海王孙”外，其余十一图均各钤朱文印“徐”（均为徐悲鸿的常用印）。

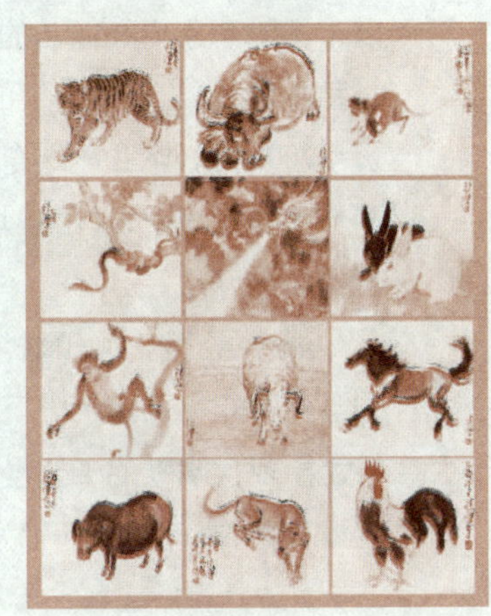

◎《十二生肖图》徐悲鸿绘

据徐悲鸿夫人廖静文介绍，徐悲鸿一生仅画过这一幅生肖图。在“2004中国嘉德秋季拍卖会”上，画作以八百八十万元人民币拍卖成交，刷新了徐悲鸿书画作品拍卖的最高纪录。

当代国画大师范曾先生也绘过一套《十二生肖图》，他在前辈的基础上有所创新，以中国古代人物形象与十二生肖相结合的形式，借以历史上关于生肖的著名典故，再现了带有鲜明民族风格的十二生肖形象，可谓精致典雅。

此画在“北京荣宝斋2004秋季拍卖会”上以三百七十四万元人民币的价格拍出。大师们的生肖画作，真可谓价值连城。

生肖漫画是画家在探索大众化、民族化过程中收获的一个丰硕成果，尽管它也属生肖画系列，但风格与前面的几幅画作完全不同。

著名漫画家华君武曾画过一大批构思幽默机智、令人过目不忘的漫画作品。华老曾说过："人和动物，不通语言，却还可以沟通感情……有些动物富有人的性格、行为、七情六欲，漫画上借动物作褒贬更有趣些。"

在用十二生肖作画的漫画作者里，华君武名列前茅，他融幽默、讽刺、思索于一体，将人们熟悉的俗语、成语加以发挥，以丰富的想象力和简洁的笔触，淋漓尽致地抨击了社会上的种种不良现象，引人发笑的同时包含着深邃的哲理。

2001 年，浙江人民美术出版社将华君武八十余件生肖漫画作品结集成册，并由江坪作画评，该书出版之后，受到了读者的如潮好评。

如今，在生肖画领域，有一批青年画家成长了起来。如中国当代青年书画家严学章，以其标志性的螃蟹体书法做题跋，将富于现代幽默的卡通漫画形式和水墨传统笔法相结合绘出生肖肖像，由此组出一幅别具一格的生肖图式，取名《生肖十二屏》。

山西广灵县画工世家出身的张永权，更是以十二生肖为主攻方向。他曾画过《狗年画狗》《猪年画猪》《鼠年画鼠》等作品，并在我国北京、广州、深圳、香港等城市举办过专题生肖绘画艺术展。他画的狗造型准确、栩栩如生；他绘的猪合理夸张，楚楚动人；他笔下的鼠通灵、机敏，给人带来愉悦之感。《新华月报》载文称赞他的画作："将民族的图腾文化和审美情趣融入作品中，开生肖绘画新河，具有鲜明的艺术个性。"

民间风采

说起十二生肖画作，不能不提民间艺术家们的创作，它们虽不像名家作品那样价值连城，却为老百姓喜闻乐见。

中国四大民间年画——天津杨柳青、山东杨家埠、苏州桃花坞、四川绵竹，均以生肖作为重要题材。

清代杨柳青年画有一组四扇屏，为十二幅仕女娃娃观赏动物图案，画中动物每幅一种，排为十二属相。

山东杨家埠也有娃娃抱动物的生肖年画，与杨柳青年画不同的是，它是将十二个娃娃和十二种动物安排在一幅图中。

据现有资料考证，桃花坞以前没有作生肖年画的传统。但在2006年，苏州桃花坞木刻年画社首次推出了他们制作的生肖年画《金猪吉祥》。它由七种色彩组成，充分利用了大红大绿的"桃花坞颜色"；图案形状采用圆形，强调团团圆圆的喜庆气氛，突出了年画的本质。2007年，桃花坞又推出了题为"鼠岁福临门"和"鼠年大吉"的木刻鼠年生肖年画。在构图上，它们将生肖鼠与吉祥的"福"字相结合，鼠的机灵气与传统"福"字融合在一起，使整个图画显得生动活泼。

生肖也是四川绵竹年画的传统题材。今天的四川绵竹有一个年画村，这个村被划分成几个主题年画区，其中一个便是十二生肖图区，在这个区里，传统的生肖年画图案都被搬到了墙上。

剪纸，在老百姓的生活中，跟年画一样常见，它也叫"窗花"或"剪画"。剪纸之所以能够得以长久广泛的流传，主要原因在于其纳福迎祥的表现功能，而生肖图案在民间被视为吉祥喜庆,自然也被纳入剪纸图样之中。

十二生肖,无论是单幅的、两种生肖双双入图的,还是全家福式的,都惹人喜爱,代表着老百姓美好的愿望——团圆和美,生生不息。

生肖剪纸艺术也成就了一批民间艺术家,如来自山东高密的齐秀花,被誉为"东方魔剪",她的剪纸超越了纯民间剪纸的平面化,增添了立体感。所剪动物粗犷中含清秀,稚拙中藏精巧,玲珑剔透,纯朴可爱,散发出浓郁的乡土气息。最能体现这一艺术特色的是她剪出的牛。1997 年,她创作的《金牛奋蹄》,被选做中国生肖邮票图案。

民间还有不少制作糖画十二生肖的奇人,来自山东的民间艺人张玉乐便是其中之一。他以铜勺为笔,以糖汁作墨,将栩栩如生的十二生肖形象顷刻间呈现在大家眼前,令人叫绝。

第三节 古代生肖工艺珍品

古时候,生肖图案被得以广泛应用,而较为常见的生肖工艺品种类,有生肖俑、生肖铜镜、生肖钱币等。有些工艺品其形制之精美、构造之精妙,令今人叹为观止。

圆明园十二兽首

◎ 圆明园生肖兽首复制品（一）杨琳摄

◎ 圆明园生肖兽首复制品（二）杨琳摄

在古代生肖工艺品中，最为我们熟知的，也是最牵动人心的，莫过于圆明园的“十二兽首”了。

十二生肖兽首，是由清朝著名外籍宫廷画师郎世宁和法国传教士蒋安仁共同设计，由意大利能工巧匠和中国宫廷匠师精心铸造而成的。当年，它们被安放在圆明园内的欧式园林——俗称“西洋楼”景区里，具体位置为西洋楼中最大的一幢建筑物——海晏堂之前的扇形水池喷水台南北两岸的十二石台上。南岸分别为子鼠、寅虎、辰龙、午马、申猴、戌狗，北岸则分别为丑牛、卯兔、巳蛇、未羊、酉鸡、亥猪。

这些肖像皆兽首人身，头部为铜质，身躯为石质，中空连接喷水管，每隔一个时辰（两小时），代表该时辰的生肖像便从口中喷水；正午时分，十二生肖像口中同时涌射喷泉，蔚为奇观。

由于十二兽首是西方人为清朝皇家设计，所以中西合璧是十二兽首最大的特色。牛首与中国传统牛的形象不同，创作者借鉴了西班牙斗牛的形象。虎首头顶一个大大的王字，代表了中华文化对百兽之王的最好诠释，但略微像狮子的虎头，也反映了欧洲人对百兽之王的理解。猪首造型与中国传统差别较大，尖嘴长吻，獠牙外凸，颇似野猪形象，可蒲扇般伏贴的大耳，又有浓郁的中国传统审美趣味。

1860年，英法联军烧毁圆明园，圆明园十二生肖铜像自此开始了它们一百四十多年的流亡史，而收回它们便成为中国人的夙愿。

2000年，在一场香港拍卖会上，牛首、虎首与猴首现身，保利集团不惜重金，以三千多万港元的高价将其购回，并将其存放于北京保利艺术博物馆；2003年和2007年，何鸿燊博士又分别以近七百万港元和六千九百万港元的价格将猪首和马首购回，并将猪首存放于北京保利艺术博物馆，将马首捐赠给了国家。

至此，十二兽首已有五件回归故土。截至2008年底，鼠首、兔首仍由法国收藏家收藏，其余兽首自从圆明园被毁之后，一直下落不明。

十二生肖是否回归为何如此受国人关注？这不仅是由于其艺术价值极高，更是因为它们见证了中国从屈辱走向富强的这段历史。

生肖时钟

圆明园中的生肖像是计时喷水的，古时候还有一种十二时盘，盘的四周为十二生肖图案。宋代陶谷《清异录·器具》记曰：

“唐库有一盘，色正黄，圆三尺，四周有物象。元和中，偶用之，觉逐时物象变更。且如辰时，花草间皆戏龙，转巳则为蛇，转午则成马矣，因号‘十二时盘’。”

随时辰的变化，盘周围不同的生肖图案与之对应，转到辰时有龙在花草间嬉戏的图案，转到巳时出现蛇图案，转到午时则出现马的图案，可见十二时盘之精妙。

可惜，这种器物没有流传至今，现代人也就再没有机会一睹其风采了。

生肖俑

生肖俑，是俑的一种，流行于隋至元代，又称“十二生辰俑”或者“十二支神俑”。它作为明器随葬，起厌胜辟邪的作用，多放置于墓室四壁小龛内。

最早的生肖俑为陶质，见于北朝时期，形象是单纯的动物形。到了隋代，墓室中放置生肖俑的现象已经比较普遍，出现了青瓷与白瓷等品种，形象演化为端坐的动物首人身形象。唐代流行身着袍服拱手站立的动物首人身或抱着不同生肖动物的人物形象，品种更为丰富，有陶器、唐三彩、瓷器等。宋代以后，十二生肖俑像变成以人像为主，十二生肖像退居次要地位，变成兽首兽身的小像，被人像双手捧持在胸前，或者演变为在人物冠上饰以动物形象。最后，十二生肖俑像就逐渐消失了。

◎ 唐代生肖俑——鸡俑 韩冰摄

生肖铜镜

铜镜是中国古代人照面饰容的器具。《古镜图录》中描述道:“刻画之精巧;文字之瑰奇,辞旨之温雅,一器而三善备焉者莫镜若也。”可见,古人与今人一样,不仅要求镜子有实用性,还讲究它的美观性。

十二生肖纹饰应用于铜镜的纹饰装饰,是从隋代开始出现的。隋代铜镜的装饰图案布局结构严谨,常常分区配置纹饰,十二生肖为主要的花纹种类之一。生肖铜镜的图案通常呈十二格排列,每个格中一个动物纹样,外缘通常为锯齿纹。这种分格的十二生肖,成为隋代铜镜中最具有特色的纹饰。

隋代的王度写有一篇名叫《古镜记》的小说,其中便提到了一面生肖镜:“手举着它朝向太阳,则背面的文字图案显于影中;用手指轻轻叩击它,清音徐引,不绝如缕;用它来照鬼魅,鬼魅立刻被打回原形并且毙命;每天晚上它光彩如月,日月食的时候镜面又显晦暗;它还能给人治病。这面镜子,简直可以称之为‘神镜’!”

隋朝以后,历朝历代仍铸造十二生肖纹饰的铜镜。例如宋代的铭文生肖镜、明代的四兽十二生肖镜等,都是当时铜镜的代表作。

生肖厌胜钱

中国古代钱币中,也渗透着十二生肖文化,这就是生肖厌胜钱。它由于主要做取吉利、避邪恶、斋祭之用,古人也称之为“命钱”。

《古钱大辞典》引《稗史类编》曰:“命钱,面有十二生肖字。”说的是,古时候小孩一生下来,大人就给他佩戴上一枚生肖钱,以保平安无事。

一般认为,生肖钱始铸于宋朝,其实早在唐代,就有在钱币上铸生肖图案的先例了。唐之后,历朝历代均大量铸造生肖钱,尤以清末民初为盛。

生肖花钱正面是十二动物生肖的图案、名称,或配有十二地支文字,背面多为八卦、星官、吉语等。有的一个生肖钱为一枚,十二枚为一套,有的则将十二生肖全铸于一枚钱上。

生肖钱多为民间铸造,官方开炉铸造的品种不多。而后者之中,清代康熙年间福建省福州府铸钱局铸造的“康熙通宝”生辰钱是比较有名的。

1713 年农历三月,值康熙皇帝六十寿辰,福建省福州府铸钱局铸造发行生辰钱向皇帝进呈祝寿。这种钱正面为“康熙通宝”四字,与普通的“康熙通宝”基本相同,但钱背面除铸有满汉文的“福”字外,还在钱穿上方多铸了一个代表生肖的地支文字。

因为当年是蛇年,所以第一枚生辰钱铸的是“巳”字。此后每年农历三月逢康熙皇帝寿辰,福州府铸钱局都会铸造发行一种生辰钱,至 1722 年康熙驾崩,共铸十种。由于这种钱币当时铸量有限,所以今天很难见到。

新中国成立后,相关部门也发行了生肖纪念币。1981年,中国人民银行开始发行第一套中国十二生肖系列纪念币,即“一九八一年鸡年金银币”。以后按十二生肖顺序每年发行一套,至 1992 年,第一轮十二生肖系列纪念币的发行完毕。从 1993 年起,又开始发行我国的第二轮生肖纪念币。2005年,中国乙酉(鸡)年金银纪念币,成为第三轮生肖纪念币中的第一套。

生肖金银币既传承了古老的生肖入币的习俗，也具有不少新时代的特色。

一直以来，大师们的生肖画作是生肖币最为青睐的图案。仅第一套生肖币中，徐悲鸿先生的《雄鸡图》《双猪图》《奔马图》，齐白石先生的《秋硕图》《蛇形图》和《白猿献桃图》都被选入，而其他大师的经典之作，如张大千的羊、马，黄胄的牛、马，刘继卣的狗、猴，何香凝的虎等，在这套生肖币中也有所体现。

大师作品鲜明的民族风格和精湛高超的艺术水平，再加上生肖文化所承载的意义，使生肖币成为中外收藏爱好者趋之若鹜的精品。

生肖铜羊

在古代生肖工艺品中，陈列于四川成都青羊宫的青羊也值得一提。

◎ 青羊宫的青羊　刘昌翠摄

它的造型极为有趣，说它是“羊”，却不完全是，因为它将十二生肖形象集于一身，它具有：鼠耳、牛鼻、虎爪、兔背、龙角、蛇尾、马嘴、羊须、猴项、鸡眼、狗腹、猪臀。

在这座青羊铜像基座上，撰写着如下铭文：“雍正元年九月十五日，自京移至成都青羊宫，以补老子遗迹。”它道出了老子和青羊宫的关系，按照《蜀王本纪》的记载——

老子西出函谷关，为关令尹喜授《道德经》，临别时老子告诉他，千日后可于成都青羊肆相见。三年后，尹喜如约来到成都，果然在青羊肆见到了老子。此地于是成了著名的道教圣地，并衍生出了今天的青羊宫。

关于这座青羊的来历，民间还有不少传闻。有说它是南宋奸相贾似道的“半闲堂”中的熏香炉，也有人说它是明代官宦人家的熏衣器。

那么，史实究竟如何？基座铭文其实已经道出了一部分事实。据旧志称，青羊宫原有一只“青羊”，明末战乱流失。清雍正时，大学士张鹏翮在北京市肆见到这只羊时，感觉它类似青羊宫旧物，遂购而转献于青羊宫中。

独角“青羊”现仍矗立在青羊宫的三清殿前，与另一只铸于清末的双角铜羊相对。来青羊宫游玩的人，大都会摸一摸它，头痛摸头，腹痛摸腹，据说会有“摸到病除”的奇效。摸的人多了，偌大一只“青羊”已变得通体透亮。

第四节 现代生肖艺术新品

遍地开花的生肖雕塑

近些年来，随着国人对传统文化重燃热情，生肖雕塑也在全国遍地开花。不少城市公园都将生肖雕塑作为文化景观之一。而这些雕塑作品，也往往成为游客流连嬉戏和合影留念之选。

浙江省旅游胜地莫干山，开辟了一个石雕十二生肖公园。入口处是一座石牌坊，左右立柱上刻着一副对联：“子丑寅卯辰巳午未申酉戌亥，鼠牛虎兔龙蛇马羊猴鸡狗猪”，横批为“生生不息”。设计者以十二地支与十二生肖的搭配作为对联，再加上匠心独具的横批，游客尚未进门便已嗅到了扑面而来的生肖文化气息。

进入景区之后，十二生肖石一个个憨态可掬，或立于道旁，或藏在树丛，给人妙趣横生之感。

各地生肖雕塑，大多是取形于生肖动物，江苏镇江却想出了制作汉字生肖雕塑的主意。2006 年，独具创意的汉字生肖雕塑在金山公园落成。设计师以古汉字十二生肖为基本素材，创造性地将二维的汉字转化为三维空间的立体造型，既保留了古汉字象形的特色，又具有强烈的现代感。

哈尔滨人也别出心裁，摒弃了生肖雕塑常用的石头材质，建起了国内首个景泰蓝生肖雕塑园。十二生肖雕塑采用景泰蓝工艺制作，配以紫铜、彩灯等材料，色彩艳丽，栩栩如生，让人大开眼界。

生肖雕塑热也蔓延到了我国港澳地区。在澳门离岛连贯公路的路边，耸立着一组气势磅礴的十二生肖系列城雕，它们已被列入“世界之最”，高耸入云的身姿往往令置身车中的游客讶异不已。这组雕像的设计和塑造者为我国澳门雕塑艺术家梁晚年先生。据说，它是澳门特区政府在回归前兴建的最后一项艺术工程。在中央电视台播出的回归纪录片的片头中，便有十二生肖系列城雕的身影。

在我国香港著名旅游景点九龙寨城公园，专门辟有“生肖倩影”景区。其中的生肖塑像材质为青白石，数年风吹雨打也无损其洁白。这个景区还有个别名叫“童乐苑”，可以想见其中的生肖动物造型也是活泼可爱。有趣的是，苑里的生肖雕像是依据十二种动物的实际大小比例塑成的，这也就难为了想跟自己的属相合影的属鼠人，因为老鼠的身形太小，它的雕像也仿佛地上的一块小石头。

这些雕像还有一个特点就是中国风十足，比如老虎背上的鱼鳍其实是参照了周朝的神兽造像来设计的，而马的造型则仿照了北京明十三陵的石马。

炙手可热的生肖邮票

生肖邮票的发展历程虽然不长，却是当代生肖艺术品中最火的一种。世界上第一枚生肖邮票是日本于 1950 年发行的虎年生肖邮票，邮票图案采用了圆山应举的名画《龙虎图》中的“虎图”。之后，韩国于 1958 年（戊戌年）发行了一枚生肖狗无齿小型张，韩国因此成为世界上第一个发行无齿生肖邮票的国家。

20 世纪 60 年代，我国的台湾地区、香港地区不甘落后，相继推出了自己的生肖邮票。至 80 年代，发行过生肖邮票的国家和地区，增加了东南亚各国，以及中国内地、越南、蒙古、老挝等。到了 90 年代，中亚的哈萨克斯坦、土库曼斯坦等国家也参与进来。1993 年，美国邮政署发行了颇具东方特色的鸡年生肖邮票。至 1997 年，已发行生肖邮票的国家和地区达到五十六个。2002 年，发行过生肖邮票的国家和地区达到九十个。

值得一提的是，尽管世界各地的生肖文化有所差异，但迄今为止，各国的生肖邮票基本都是以中国干支纪年的十二生肖动物为准，来设计图案的，这与中华文化的魅力和遍布世界的中华儿女的影响力，有着密不可分的关系。

新中国成立后邮政发行第一套生肖邮票是在1980年（壬申年），因为没有按照十二生肖的排列顺序以鼠开头，而是“猴”足先登，于是之后每一轮生肖邮票都从“猴头”开始。

第一枚猴票面值八分钱，邮票规格“26mm×31mm”，票面图案由著名画家黄永玉创作，为一只憨态可掬的小猴；邮票设计师由著名邮票设计家邵柏林担纲，他用中国传统吉庆的大红作为邮票底色，再用金色涂描小猴的面部，使之面容生动，双眼炯炯有神；邮票印制方式为影雕套印版，雕刻原版由著名雕刻师姜伟杰精心凿刻而成，并交由北京邮票厂印制。成品出来之后，猴子身上的毛发清晰可辨，用手摸上去凹凸感极强。

这枚猴票在中国邮票界非常有名。2002年，它的市价为每枚一千六百元左右，与最初票面价值相比，增值两万倍，创下了新中国邮票升值最快的纪录，因此，它又被称为“中国集邮史上的神话”。

“猴票”的珍贵，不仅是由于其在工艺方面堪称精品，也是由于其发行量比较有限，仅有五百万枚，加之当时人们尚缺乏集邮意识，它的存世量就更少了，不少铁杆邮票迷都将拥有一枚“猴票”作为自己的梦想。

第一轮生肖邮票以面值调整为二十分的羊票结束，这十二种邮票规格一致，装饰性图案相同，交替采用彩色与白色底色，成为人见人爱的艺术品。

由于起先是邀请一位著名美术家进行邮票设计，后来又采用社会公开征集和匿名评选的方式，所以，在这轮生肖邮票中,我们既能欣赏到美术界大师张仃先生的“报晓雄鸡”和周令钊先生的“烧瓷狗”,也可以看到画坛新秀祖天丽的“装饰龙”和雷汉林的“回首羊”。

而在鸡、狗、鼠、猪、牛、羊等年的生肖票中,设计者还巧妙地运用了我国传统的篆刻艺术形式,随形的篆章印在票面上与主图相映成趣,既有民族特色,又平添几分美感。其他生肖票,除猴票采用行书外,其余的均为印刷体或美术字。

第二轮生肖邮票从 1992 年“猴二世”面世,到 2003 年羊票发行,共二十四枚,票幅仍为“26mm × 31mm”。之所以枚数翻了一倍,是因为这次的设计是两枚一套:一枚面值是国内平信邮资,另一枚面值是挂号信函邮资;它们的票面图案也有所不同,一枚是生肖形象的民间工艺品,另一枚是生肖汉字的书法作品。我们既能欣赏到民间艺术家的剪纸、年画、泥塑、布艺、皮影等新鲜活泼的乡土作品,也能再次品味韵味十足的传统书法艺术。

在第一轮生肖邮票发行完毕后,对于第二轮生肖邮票的发行办法,原邮电部曾经有两个方案备选:一是再过四年,从鼠年鼠票开始新的一轮生肖票,以符合我国生肖干支纪年的排列顺序;二是紧接第一轮,仍从猴年开始发行第二轮生肖邮票。

生肖邮票发行面世后,它不仅具有集邮品的功能,而且很多人在自己的“本命年”时,都渴望得到一枚自己“属相”的邮票作为纪念。如此受欢迎的邮票,若在社会上消失四年,无疑是件令人遗憾的事情。最终,邮电部采取了第二方案,才有了 1992 年猴票的面市。

第三轮生肖邮票从 2004 年开始,目前还没有出齐。这一轮生肖邮票的规格变为“36mm × 36mm”的正方形。每套邮票恢复为一枚，面值依旧为国内平信邮资。从已发行的猴年、鸡年、猪年等邮票来看，它们更多地运用了现代设计语汇，以卡通风格为主。如新版猴票由申奥标志的设计者陈绍华设计，以“猴桃瑞寿”为主题，在手法上表现得非常时尚，颜色则选择传统年画常用的色彩，显得分外喜气、祥和。另外，与传统邮票的圆形齿孔不同，新一轮生肖邮票首次采用了六角形齿孔，这也就使它们更具收藏价值了。

除了中国内地，中国香港、中国台湾、中国澳门地区也分别发行了生肖邮票。

我国香港地区自 1967 年（丁未羊年）开始发行贺年生肖邮票。第一轮邮票风格各异，每套两枚。第二轮邮票于 1987 年（丁卯兔年）发行，均采用民间刺绣的表现手法，每套四枚。

我国台湾地区于 1968 年发行第一轮生肖邮票，从设计手法到表现内容等都无一定之规。第二轮生肖票于 1980 年至 1991 年发行，一套两枚，设计比较统一，图案为比较抽象的生肖形象，背景为篆体书写的生肖字。第三轮邮票自 1992 年开始发行，至 2003 年发行完毕，仍为一套两枚。

我国澳门地区自 1984 年开始发行生肖邮票，至 1995 年第一轮圆满结束。第二轮自 1996 年开始，这轮邮票的票面图案为生肖头部，而边纸上是生肖身体，二者合在一起为一个完整的生肖动物，形式比较新颖。

我国港澳台地区的生肖邮票和内地的生肖邮票一起，构筑了中国生肖邮票丰富多彩的格局。

因为与中国有着颇深的渊源，国外的生肖邮票也值得一提。如美国邮政总局从 1993 年起开始发行第一套生肖邮票，目的是纪念华人对美国社会的贡献。从 1993 鸡年到 2004 猴年，十二枚生肖邮票全由华裔设计师李健文一人设计，这是美国历史上第一次由一人获得整套邮票设计资格，它也成为美国邮票史上发行最成功的邮种之一。

几千年的流传，积淀了中国底蕴深厚、形式多样的生肖文化，它展现了中国人的人生观、世界观、丰富的生活情趣与和谐的审美志趣。随着人们物质文化生活水平的提高和科技进步，相信关于生肖的新的文化内容和艺术式样也还会层出不穷。作为当代人，面对这一宝贵的文化财富，我们需要有自觉的传承意识，使之更加健康、更有生命力地流传下去。

参考书目

1. 赵伯陶著:《十二生肖面面观》,齐鲁书社,2000 年。
2. 吴裕成著:《十二生肖与中华文化》,天津人民出版社,1992 年。
3. 姚立江、潘春兰著:《人文动物:动物符号与中国文化》,黑龙江人民出版社,2002 年。
4. 冀安编著:《生肖文化》,中国经济出版社,1995 年。
5. 陈勤建著:《生肖趣谈》,上海古籍出版社,2005 年。